JN116798

裁判事例
で学ぶ

対人援助職が知っておきたい法律

鳥飼 康二［著］
弁護士・産業カウンセラー

弁護士にリファーした後に起きること

誠信書房

はじめに

　臨床心理士，公認心理師，精神保健福祉士，社会福祉士，心理カウンセラー，SNS相談員など，対人援助職の皆さんはクライアントから相談を受けるなかで，「これは法律問題ではないか？」と思うことがあるでしょう。そのようなとき，弁護士にリファーしようと考えても，「そもそもどうやって弁護士につなげたらいいの？」「うまく弁護士につないだとしても，その後，クライアントはどんな道をたどるの？」「つないだ後，私たちが何か支援できることはないの？」など，さまざまな疑問が生じるのではないでしょうか。

　また，「法律のことをもっと知っていれば，カウンセリングのなかで，もっと適切なアドバイスができたかもしれない」「法律を学びたいけど，難しそうで何から手をつけてよいか分からない」と思ったことはないでしょうか。

　以上のような，対人援助職の皆さんの疑問やニーズに応えるために，次のようなコンセプトで本書を執筆しました。

◆堅苦しい教科書スタイルではなく，事例とＱ＆Ａを通じて，法律問題を分かりやすく学べるように工夫しました。

◆「離婚」「若者の困窮」「高齢者・障害者の独居」「職場のパワハラ」「子どもの虐待」にまつわる事例を設定することで，幅広く相談に対応できるように工夫しました。

◆困難な事案は当事者間の話し合いでは解決しないことが多く，その場合，裁判で解決することになります。そのため，裁判事例を設定して，困難な事案がどのように解決へ向かうのか，イメージできるように工夫しました。

◆事例を時系列に沿って進めることで，解決までにどのくらいの期間を要するのか（裁判とはどのくらい大変なのか），体感できるように工夫しました。

◆法律解説だけでなく，皆さんの知りたい情報（弁護士の探し方，費用はどれくらいかかるのか，弁護士は何を考えて行動しているのか，対人援助職として関わることができる場面はあるかなど）も，盛り込むように工夫しました。

本書が，幅広く対人援助職の皆さまのお役に立つことを願っています（登場人物や事例はフィクションです）。

2022年10月

鳥飼 康二

目　　次

第**3**章　独居高齢障害者の金銭被害 ──────── 97

第5章　児童虐待による施設入所と家族再構築 ──── *183*

第1章　カサンドラ症候群と離婚

あらすじ

　夫婦問題に悩むB子さんが，心理カウンセラーの中野さんのもとを訪れ，離婚を決意してから，離婚が成立するまで，夫婦の心境がどのように変化するのかについての事例です。

　この事例を通じて，弁護士の探し方，家庭裁判所の調停や審判の仕組み，離婚するための条件，子どもとの面会，お金の問題（養育費，財産分与，慰謝料）などを説明します。

家族構成

　　A男さん──夫，現在50歳，大手電機メーカー管理職

　　B子さん──妻，現在42歳，パート従業員

　　C君──長男，現在5歳，保育園児

生活状況

　　A男さんとB子さんは，10年前に結婚相談所を通じて結婚し，都内の分譲マンションで生活しています。

　　結婚当初からA男さんは自分の部屋に閉じこもり，趣味のオンラインゲームに没頭し，休日も鉄道の撮影に一人で出かけてしまいます。A男さんは子どもに無関心で，たまにC君を怒るときも，難しい理屈をまくし立てるばかりでした。

　　B子さんは，2年前からC君を保育園に預けて働き始めましたが，仕事から疲れて帰ってきてもA男さんは家事も育児も手伝ってくれず，決まった時間になると，自分の部屋でオンライン

ゲームを始める毎日でした。

　A男さんは怒ると物を投げるので，B子さんはなるべくA男さんを怒らせないように気をつけていました。また，B子さんが仕事以外で外出すると，A男さんから何度も電話がかかってきたり，行先を告げて出かけても，「本当はどこにいたんだ?!」と詰め寄られることがありました。

家族状況

　A男さんは会社でも同僚や上司とうまくコミュニケーションがとれていないようなので，心配したB子さんは心療内科への通院を勧めましたが，「俺を病気扱いするのか!」と激昂しました。

　C君も担任の保育士さんから問題行動を指摘され，B子さんに連れられて児童精神科を受診したところ，発達障害と診断されました。そこで，B子さんはA男さんに，C君に専門的な治療を受けさせたいと提案しても，A男さんは「俺の子を障害者扱いするのか!」「病気なのはお前のほうだ!」と怒るだけでした。

　B子さんがA男さんの両親に相談しても，「うちの親族はみんなこんな感じ。みんな国立大学を卒業しているから，Cちゃんもきっと大物になる!」と誇らしげに言うだけでした。

病　　識

　B子さんはA男さんとの関係に悩んでいましたが，誰にも相談できず，自分が我慢すればよい，と考えてきました。

　あるとき，B子さんが39度の熱が出て寝込んだとき，A男さんは，「コロナじゃないの？　うつされると困る」「自己管理ができていない証拠だ」と不機嫌そうに言うだけで，看病も家事もしてくれませんでした。B子さんはなんとか内科を受診しましたが，コロナに感染してはいないものの免疫力がかなり低下している，と指摘されました。B子さんは医師に何気なく，「眠れないし，何もやる気が起きないし，もう家にも帰りたくないんですよね……」と告げると，心療内科を受診するよう強く勧められました。

　翌週，B子さんは紹介された心療内科を受診したところ，「適

応障害, 抑うつ状態」と診断され, 薬が処方されました。また, 医師に家庭環境のことを話すと,「カサンドラ症候群」[*1]のことを教えられました。インターネットで「カサンドラ症候群」を調べたB子さんは,「これって私のことを書いてあるの!?」と驚きを隠せませんでした。

X年1月

　以上の経緯で, B子さんは, 夫婦問題を専門に扱っている心理カウンセラーの中野さんのもとを訪れました。

　B子さんは中野さんのカウンセリングを受けるなかで, 結婚後の人生を振り返り,「私は洗脳されていたんだ……」「やっと洗脳から目覚めた気がする……」と考えるようになりました。そこで, 中野さんのアドバイスに従い, 現在の自分の思いを, 夫(A男さん)へぶつけてみることにしました。

　B子さんは勇気を出してA男さんに,「結婚してからの生活をいろいろと考えてみたんだけど……私たちの夫婦関係って, おかしいと思わない?」と尋ねました。しかし, A男さんは「何が?」と一言発しただけで, あとは無視するだけでした。

　B子さんは中野さんへ, 夫とのやり取りを報告しました。中野さんはB子さんが今後どうしたいのかを確認したところ,「離婚したい気持ちに傾きつつあります」とのことでした。そこで中野さんは, B子さんの気持ちの整理については引き続きカウンセリングによって支援することとし, 離婚についての法律的な点は弁護士に相談してみてはどうかと助言しました。

　また, 中野さんは, C君のために民間の療育(発達支援)団体を紹介しました。

[*1]　カサンドラ症候群とは, 一般に, 自閉スペクトラム症・アスペルガー症候群(ASD)の配偶者と生活することで, 精神的にも身体的にもストレスが続き, 疲れ果ててしまう状態のことです。ASDの特性が強く現れて, 夫婦間でコミュニケーションが成立しなかったり, こだわりを強く押し付けられたりする状態が続くと,「心の通い合い」や「家庭生活の喜び」を感じることができず, うつ病を発症したり, 離婚に発展することが指摘されています。

Question 1-1　弁護士はどのように探したらよいのですか？

Answer ────────────────────────────

　弁護士の探し方をいくつか紹介します。

1．インターネット

　まず，インターネットですが，多くの法律事務所はホームページ（WEBサイト）を開設していますので，検索サイトでお住まいの「地域の名称」と「弁護士」と打ち込んで検索すると，複数の法律事務所の WEB サイトが表示されます。そのなかから自分に合った法律事務所を探すことになりますが，なかなか難しいです。なぜなら，どこの WEB サイトも似たり寄ったりだったり，書かれている内容は必ずしも弁護士本人が書いているわけではないからです（WEB サイト制作会社のライターが書いたものを，弁護士がざっとチェックしているだけの場合もあります）。したがって，WEB サイトの内容をすべて鵜呑みにせず，実際に法律相談を予約して，弁護士と面談してみることをお勧めします。

2．弁護士会の法律相談

　各地の弁護士会は，その地域の方向けに，定期的に法律相談会を実施しています。有料の場合が多いですが，債務整理など，分野によっては無料相談も実施されています。また，専門分野別に相談会が設置されている場合もありますので，その分野に強い弁護士に相談することもできます。

　ただし，弁護士は当番制で担当していますので，どの弁護士に当たるかは運次第です。とても相性の良い弁護士に当たるかもしれませんし，そうでない弁護士に当たるかもしれません。

　ちなみに，弁護士探しは病院探しに似ているところがあります。テレビに出ているから，本を書いているから，立派な WEB サイトがあるからといって，必ずしも「名医」ではないのと同じです。やはり直接面談してみて，相手（弁護士）の人柄，誠実さ，専門性を確かめるべきでしょう。

3．法テラス（日本司法支援センター）

　法テラスとは，経済的理由から弁護士費用を払うことが難しい方を対象とした，公的機関が運用している弁護士費用の立て替え制度です。あくまで「立て替え」ですので，毎月5,000円程度，法テラスへ返還する必要があります（完全な無料制度ではありません）。ただし，毎月の返済が難しい方には，支払い免除や支払い猶予の制度があります。

　通常の弁護士費用（相場）は，ひと昔前に日本弁護士連合会が定めていた報酬基準に準じていることが多いです（後記 Q1-15 参照）。一方，法テラスが立て替える弁護士費用は，相場の3〜5割程度です。たとえば，自己破産の場合は約40万円が相場ですが，法テラスでは約13万円となります。また，離婚調停の場合は，着手金と成功報酬の合計で60〜100万円が相場ですが，法テラスでは約30万円となります。

　法テラスの援助制度を利用するためには，経済状態の条件があります。たとえば，東京都在住の単身者の場合，手取り収入が約20万円以下であること，かつ，預貯金が180万円以下であることが，利用できる基準です。この金額は，同居者の人数や家賃負担の有無などによって変わります（詳しくは法テラスの WEB サイト*2をご覧ください）。

　上記の一般的な法テラス利用方法では，弁護士を選ぶことはできません。相談日に当番となっている弁護士が対応することになります。弁護士にも，良い意味でも悪い意味でも「いろいろな弁護士」がいますので，相談者さんと相性が悪いこともあるでしょう。そのため，相性が悪い弁護士に当たった場合，不満が残ることになります。

　それを避けるためには，①インターネットで気に入った弁護士を見つける，②その弁護士事務所に電話をかけて「法テラスを利用できますか」と尋ねる，③法テラスを利用できる場合，実際に弁護士と面談してみる（相性を確かめる），という方法がオススメです。つまり，法テラスの利用は，法テラスが運営している事務所だけではなく，通常の弁護士事務所で

＊2　https://www.houterasu.or.jp/

も利用できるのです。ただし，すべての弁護士が法テラスを利用できるわけではありませんので，上記②のように尋ねる必要があります。

　相性の点では，特にメンタルを病んでいる相談者さんや，コミュニケーションが上手でない相談者さんの場合，そのことを理解して丁寧に対応してくれる弁護士を探すと良いでしょう。

4．紹　介

　知人や家族で弁護士に依頼したことがある人がいれば，その人にその弁護士の評判を聞いてみて，良さそうであれば紹介してもらってください。弁護士に限ったことではありませんが，一般的には紹介者がいると，「紹介者の手前，雑な対応はできない」というプレッシャーになります[3]。また，直接言いにくいことでも，紹介者を介して伝えてもらうこともできます。

5．見分けるポイント

　弁護士と面談した際に，安心して依頼できるかどうか見分けるポイントを，私見を交えて述べます。

　まず，相談者さんの話を丁寧に聴いてくれるかどうかです。一般的に弁護士は，事実（証拠）に基づいて方針や見通しを立てますので，相談者さんが一生懸命しゃべっていても，「聞かれたことだけに答えてください」とさえぎられることがあります。また，正式依頼した後に，メールや電話などで素朴な疑問を質問しても，「それは法律的には関係ありません」と淡々と返されてしまい，それ以降，質問しにくい雰囲気になることもあります。

　もちろん，法的手続きを進めるうえで事実や証拠は重要ですし，弁護士から聞かれたことだけに答えるほうが効率的でしょう。しかし，弁護士としては，事実の背景にある相談者さんの想い（喜怒哀楽）を受け止めることも必要です。特に，離婚事件は解決まで長期間かかりますし，プライ

---

[3]　もちろん，弁護士は信義誠実義務（弁護士基本職務規程5条など）を負っていますので，紹介者がいなくても全力で依頼に取り組む義務があります。

ベートなことも明かすことになりますので，法律論だけではなく感情面にも寄り添って共感してくれる弁護士を探すとよいでしょう。

　次のポイントは，真摯に見通しを示してくれるかどうかです。相談者さんは，この先どうなるのか分からないと不安になりますので，弁護士に見通しを示してほしいと願うはずです。ただ，将来の不確定なことについて見通しを示すことは，弁護士としても勇気がいることです（後になって「見通しと違ったじゃないですか！」と責められるのはつらいです）。そこで，慎重になりすぎてまったく見通しを示してくれなかったり，逆に，安易に「勝てますよ」「無理ですね」という結論だけを示されるようでしたら，依頼するかどうか再考したほうが良いでしょう。

　一方，見通しを示すときに，正直に心の内を明かしてくれる弁護士のほうが安心でしょう。たとえば，「今ある証拠によれば，○○となる可能性が高いです。ただ，進めてみると，相手から思わぬ証拠が出てくることもありますので，断定的なことは言えません。あえて見通しを示すのであれば，○○％くらいでしょう」，などと正直に伝えてくれれば安心でしょう。

　ちなみに，他の弁護士にも意見を聞いてみること（セカンドオピニオン）は，とても有益です。セカンドオピニオンを求めるのは失礼に当たる（怒られる）と思う方もいらっしゃいますが，それで不機嫌になるような弁護士であれば，依頼しないほうが無難です。

　また，料金体系を明確にしてくれるかどうかもポイントです。弁護士の料金体系は分かりにくいですし，仕事を進めていくなかで，想定外の事態が生じて追加料金が発生することもありますので，最初の段階から，安心できるまで料金体系を説明してもらってください。

Question 1-2　「離婚専門弁護士」はいるのですか？

Answer

　弁護士に専門制度はないため，正式な「離婚専門弁護士」という弁護士はいません。WEB サイトで離婚事件に強いことを謳っている場合があり

ますが，あまり過信しないほうが良いでしょう。なぜなら，市民向けの弁
護士（いわゆる街弁）にとって，離婚事件を扱うことは日常茶飯事なの
で，特別な専門性や経験がないと扱えないわけではないからです。医療の
世界でたとえるならば，「風邪に強い内科医」「腰痛に強い整形外科」と名
乗っているようなものです。

それよりも，Q1-1で説明したように，離婚事件では専門性よりも，丁
寧に話を聴いてくれることのほうが重要な気がします。

X年2月①

B子さんはインターネットでいくつかの法律事務所を見比べて
みましたが，どうやって選んでよいか分かりません。良さそうな
事務所を見つけても，いきなり電話をかけるのもためらってしま
いました。

そこで，B子さんは中野さんに，「どなたかお知り合いの弁護
士さんはいませんか？」と尋ねたところ，「そういえば，発達障
害の研修会で名刺交換した弁護士さんがいます。私から連絡を
取ってみましょうか？」と提案してくれたので，お願いしました。

中野さんは研修会で知り合った鵜飼弁護士に電話をかけて，
「離婚問題で紹介したい人がいます」と告げたところ，「事務所に
来ていただければ，じっくりお話をうかがいますよ」とのことで
した。中野さんから報告を受けたB子さんは，早速，鵜飼弁護士
の事務所に電話をかけて，面談のアポイントを取りました。

Question 1-3 法律事務所はどのような雰囲気ですか？

Answer

初めて法律事務所を訪れる方は，一体どんな雰囲気なのだろうと不安に
なるかと思います。ほとんどの法律事務所では，役所や銀行のようにオー
プンな席で騒がしいなかで面談することはなく，個室でなるべく落ち着い

て面談ができるように工夫されています。

　また，法律事務所を訪れる際は，弁護士だけでなく，事務員の対応にも注目してください。なぜなら，弁護士に依頼した場合，弁護士は事務員と連携して仕事を進めるので，依頼者の方が事務員と直接やり取りする機会も多いからです（医療現場でたとえると，医師と看護師が連携して治療に当たるようなものです）。

　なお，最近ではコロナ禍の影響もあり，対面ではなくオンラインで法律相談を実施している法律事務所も増えています。

X年2月②

　　緊張して事務所を訪れたB子さんは，1時間の面談のなかで，結婚して以来のつらかった出来事や，そのときの気持ちを話しました。鵜飼弁護士はB子さんの話をひととおり聴いて，「それはつらかったですね」とB子さんを労った後，家族構成，夫（A男さん）の職業や収入，子（C君）の状況，B子さんの実家の状況など，基本的な事実関係を確認しました。そして，鵜飼弁護士はB子さんに今後どうしたいか尋ねたところ，B子さんは「息子を連れて家を出て，夫と離婚したいです」とはっきり答えました。

Question 1-4　弁護士の相談料はどれくらいですか？

Answer

　多くの法律事務所では，30分5,500円（税込），1時間1万1,000円（税込）という割合です。また，法律事務所によっては，初回無料の場合もありますし，法テラスが利用できれば無料になります。

$Q^{uestion}$ 1-5 | 離婚相談では弁護士はどのような点に着目するのですか？

A^{nswer}

　弁護士は，法律上の離婚原因があるか，親権争いになるか，別居した場合に生活が成り立つかなどの点に着目します。

1．離婚原因

　まず，当事者が離婚に合意して，離婚届を作成して役所へ提出すれば，特に理由がなかったとしても，速やかに離婚できます。

　一方，どちらかが離婚を拒否する場合，民法770条1項が定める離婚事由（①不貞行為，②悪意の遺棄，③3年以上の生死不明，④強度の精神病，⑤婚姻を継続し難い重大な事由）のいずれかに該当すれば，裁判所によって離婚が認められます[*4]。

　そのため弁護士は，話し合いで離婚が成立する見込みがあるかどうか，話し合いが無理な場合は，法律上の離婚原因があるかどうか（それを裏付ける証拠があるか）に着目します。

2．親権争い

　親権とは，親が子どものために行使する権利義務（養育監護，財産管理）の総称のことです。婚姻中は，親権は共同で行使することになるため，夫婦関係が円満なときは親権を意識することはほとんどありません。

　ところが，未成年の子どもがいる場合，離婚するためには，必ずどちらか一方を親権者として定めなければなりません（民法819条1項，2項）。日本ではアメリカのように離婚後の共同親権は認められていないため，親権争いが激化することがあります。

　話し合いや調停で親権者が決まらない場合，離婚裁判のなかで，家庭裁判所が親権者を決めることになります。このとき重要なのは，「子どもの健全な発育」という視点です。たとえば，父親が親権を熱望しており，た

　＊4　ただし，離婚裁判を起こすためには，まず，家庭裁判所で離婚調停を申し立てなければなりません（家事事件手続法257条1項）。

とえ父親の経済力が高く，実家の祖父母からの育児支援が期待できるとしても，子どもが母親と暮らしたいと明言して，母親との関係で特に問題点が見当たらなければ，親権者は母親とされる可能性があります。つまり，親権者は，親の希望ではなく子どもの視点を重視して判断される，ということです。

　そのため弁護士は，親権争いが見込まれる場合，「子どもの健全な発育」という視点から，有利な点，不利な点に着目します。

３．別居した場合の生活

　収入が少ないほう（多くは妻）が家を出る場合，独力で生活できる体制を整える必要があります。その理由は，相手が生活費を渡すのを渋った場合，婚姻費用分担請求という調停（詳しくはQ1-13）を申し立てることになりますが，調停が成立して実際に生活費の支払いを受けるまで，半年近くかかる可能性があるからです。

　そのため弁護士は，別居することになった場合，親族から援助を受けることは可能か，働いて生活費を稼ぐことは可能か，という点に着目します。また，子どもがいる場合，環境の変化に適用できそうか，という点にも着目します。

Question 1-6　配偶者が発達障害であることを理由に離婚できますか？

Answer

　発達障害は，民法770条1項が定める離婚事由の「強度の精神病」としては，一般的に評価されません。ここで言う「強度の精神病」とは，単に精神疾患に罹患しているだけでは足りず，それが強度のもので回復が困難な場合です。たとえば，長年，重度の統合失調症に罹患している場合などです。

　また，発達障害であることは，直ちに民法770条1項が定める離婚事由の，「婚姻を継続し難い重大な事由」と評価されるわけではありません。しかし，意思疎通の困難さの程度，意思疎通の改善の可能性など，さまざ

まな事情を総合考慮した結果，「婚姻を継続し難い重大な事由」と評価されることはあり得ます。

X年2月③

　B子さんは再び鵜飼弁護士と面談して，年度変わりの時期に，C君を連れて隣県の実家へ帰ることに決めました。

Question 1-7 別居することにはどのような意味がありますか？

Answer

　別居することには，法律的な離婚原因を満たすためという意味と，精神的に落ち着くためという意味があります。

1．離婚原因として意味

　巷では，「3年間（あるいは5年間）別居すれば離婚できる」と言われることがありますが，法律でそのように定められているわけではありません。民法770条1項が定める離婚事由の「婚姻を継続し難い」とは，「修復の見込みが乏しい」と言い換えることができます。そのため，「3年間も別居していれば，もはや夫婦として修復する見込みが乏しい」と評価され，離婚が認められるのです。この場合も，別居に至った経緯，別居中の交流，修復に向けた努力，離婚した場合に相手が被る不利益など，さまざまな事情が考慮されます（別居期間だけで決まるのではありません）。

　たとえば，東京高等裁判所が平成30年12月5日に出した判決では，別居期間が7年以上に及んでいるとしても，夫が別居後は妻との接触を避けて話し合いを一切拒絶していること，妻は夫の父や子らを一人で世話をしていること，妻は専業主婦で病気があり就労が困難であることなどの事情を考慮して，夫からの離婚請求を認めませんでした。

　一方，大阪高等裁判所が平成21年5月26日に出した判決では，別居期間が1年余りであったとしても，妻の行動（長年仏壇に祀っていた夫の先妻の位牌を夫に無断で親戚に送りつけたり，夫の青春時代からのかけがえな

い思い出の品々を勝手に焼却処分した）が原因で別居に至り，夫は人生の
なかでも大きな屈辱的出来事として心情を深く傷つけられ，妻にはそれを
理解する姿勢に欠けているなどの事情を考慮して，夫からの離婚請求を認
めました。

2．精神的な意味

　同居しながら冷静に離婚について話し合いができる関係であればよいの
ですが，DVやモラルハラスメント（モラハラ）が絡む場合，冷静な話し
合いは期待できません。特に，長年モラハラに苦しんでいる場合，同じ空
間に居るままだと，思考回路が麻痺して正常な判断ができなくなっていた
り，言いたいことがはっきり言えなくなっていたりします。そのため，別
居して物理的に距離を置くことで，精神的な落ち着きを取り戻して，冷静
に自分の言いたいことを伝えられる環境を整える必要があります。

X年3月①

　　　B子さんは，夫が出勤している間に，C君を連れて隣県の実家
へ引っ越しました。無事に引っ越しが完了したことを確認して，
鵜飼弁護士からA男さん宛に内容証明郵便を出しました。

　　　　　　　　　　　　　　　　　ご連絡

　　　　　　　　　　　　　　　　　　　20X2年3月○日

　　A男殿

　　　　　　　　　　　　　B子氏代理人弁護士鵜飼○○

　　　　　　　　　　　　　住所○○　電話番号○○

　　突然のお手紙，失礼いたします。当職は，B子氏から，貴殿
との間の離婚協議など夫婦関係に関する一切の事項について委
任を受けた代理人として，このお手紙を差し上げております。
　　B子氏は，貴殿と結婚して以来，貴殿が自室でオンライン
ゲームに没頭するためコミュニケーションが取れず，パートで

　働き始めても貴殿から家事や育児の協力を得られず，Ｃ君の療育問題についても貴殿から理解を得られず，深刻に悩み続けてきました。そして先日，Ｂ子氏が高熱を出した際にも，貴殿から看病してもらったり，温かい言葉をかけてもらったりすることもありませんでした。以上の結果，Ｂ子氏は，不眠など精神的不調を感じるようになり，心療内科で診療を受けたところ，「適応障害，抑うつ状態」と診断されました。

　そのため，Ｂ子氏は，もはや貴殿との婚姻関係を継続することは困難と考え，別居を決意し，今日に至っております。

　Ｂ子氏は，貴殿との婚姻関係を解消し，Ｃ君の親権者となることを希望しております。また，養育費や財産分与は，法律が定める範囲内で得ることを希望しております。

　つきましては，上記のＢ子氏の希望について，貴殿のお考えをお聞かせいただきますようお願い申し上げます。

　なお，Ｂ子氏やＣ君に対して，電話，メール，LINE，面会など一切の手段を使って連絡・接触することはお控えください。Ｂ子氏やＣ君に対して連絡事項がありましたら，すべて当職宛にお知らせいただきますようお願いいたします。

Question 1-8　内容証明郵便にはどのような意味がありますか？

Answer

　内容証明郵便とは，郵便局（日本郵便株式会社）が，「このような内容の手紙を送りました」ということを証明してくれる制度です。通常，配達証明も併せて付けます。配達証明と併せることで，「このような内容の手紙を相手が受け取った」という証明になります。つまり，内容証明郵便（配達証明付）には，後で「言った／言わない」の争いならないため，という意味があります。

　また，内容証明郵便と聞くと，物々しくて何だかドキッとする方も多い

かと思います。つまり，内容証明郵便には，送り主の本気度を示すという意味もあり，「宣戦布告」と受け取られることもあります[*5]。

X年3月②

内容証明郵便を出してもらった後，Ｂ子さんは鵜飼弁護士と一緒に，最寄りの警察署の生活安全課へ相談に行きました。

Question 1-9 ┃ 生活安全課では何を相談するのですか？

Answer

　警察署のなかでDVやストーカー被害を扱うのは，「生活安全課」という部署です。実際にDV被害やストーカー被害を受けていて，すぐに対応してもらいたい場合だけでなく，今後，そのような被害を受ける可能性がある場合も，生活安全課で相談することができます。あらかじめ相談しておくことで，万が一，相手が自宅へ突然現れた場合など，迅速に対応してもらうことが期待できます。

　また，DVやストーカー被害を受けている場合，警察に相談した後，役所に「住民票閲覧制限」を申し込むことができます。これが認められると，役所は加害者からの住民票（写し）の交付請求を拒否しますので，住民票上の住所を知られずに済むことができます。

　なお，警察への相談は弁護士がいなくてもできますが，筆者の経験では，弁護士が同行したほうが，警察の対応が良くなる傾向があります。

X年3月③

内容証明郵便を受け取ったＡ男さんは，激怒して鵜飼弁護士の事務所へ電話をかけてきました。
「なぜ妻が突然出て行ったのか，まったく理由が分かりません」

[*5]　穏当に交渉を進めたい場合は，あえて内容証明郵便を使わないこともあります。

「夫婦の同居義務に反する行為ですね」
「貴方（弁護士）が夜逃げを指導したのですか？」
「貴方はいつから妻の相談を受けていたのですか？」
「貴方を訴えようと思います」

Question 1-10 | A男さんはなぜこのような電話をかけたのでしょうか？

Answer

　弁護士をしていると，このような場面にたびたび遭遇します。配偶者が突然家を出て行ったという客観的事実だけでも，第三者から見れば，「相当つらいことがあって，相当な覚悟で家を出たのだろうな……」と想像できますが，当の本人にはまったく心当たりがない様子なのです。ですから，まさか配偶者が自分を見捨てるはずがないと信じて疑わないので，「他人（弁護士）がそそのかしたに違いない！」と考えるようです。

　つまり，怒りの矛先が支援者に向くことは珍しくありませんので，カウンセラーとして離婚の事案に関わる方も，注意が必要です。

Question 1-11 | 夫婦間の義務にはどのような意味がありますか？

Answer

　相手が嫌がっているにもかかわらず，「夫婦なんだから○○義務がある」「夫婦なんだから○○すべきだ」と，相手の感情をまったく理解してくれないというエピソードもよく聞きます。

　確かに，民法752条は，「夫婦は同居し，互いに協力し扶助しなければならない」と定めています。しかし，DVやモラハラを受けているなど，同居を拒否する正当な理由がある場合，義務を果たさなかったからといって，裁判所が同居を命じたり，慰謝料の支払いを命じたりすることはありません。

　また，相手が嫌がっているにもかかわらず性交渉を求めるケースもあり

ますが，夫婦だからといって性交渉に応じなければならない義務はありません（ただし，性交渉に応じないことが，離婚原因になる場合があります）。

X年4月

　　別居を開始してから，B子さんの生活は，少しずつ落ち着いてきました。引き続き，オンラインで中野さんのカウンセリングも受けています。

　　C君も，新学期から小学校（普通学級）へ通うことになりました。また，中野さんから紹介された発達支援団体の教室にも，毎週通うことになりました。

　　B子さんは，鵜飼弁護士と今後の対策を協議して，離婚と婚姻費用の調停を起こすことを，正式に依頼しました。

Question 1-12 　なぜすぐに**離婚調停**を起こすことにしたのでしょうか？

Answer

　Q1-7で説明したとおり，相手が離婚について拒否した場合，別居してから数年間経たないと，裁判で離婚は認められない可能性が高いです。

　それにもかかわらず離婚調停を起こすことには，①調停を通じて相手が何を考えているのかを知って，離婚に応じてもらう糸口を見つける，②相手にも家庭裁判所に足を運んでもらうことで，離婚を現実のものとして徐々に受け入れてもらう，という意味や効果があります。

　また，離婚裁判を起こすためには，まず離婚調停を申し立てなければならないため（家事事件手続法257条1項），早めにその条件をクリアしておくという意味もあります。

Q_{uestion} 1-13 婚姻費用の調停とはどのような手続きでしょうか？

A_{nswer}

　たとえ別居していたとしても，離婚が成立していない場合，収入の多いほう（多くは夫）が少ないほう（多くは妻）に対して，生活費（婚姻費用）を支払う義務があります。

　そこで，相手が婚姻費用を支払ってくれない場合や，支払ってくれても金額が少ない場合，家庭裁判所に対して，適切な婚姻費用を支払うことを求めて，調停を申し立てることができます（正式には「婚姻費用の分担請求調停」と言います）。

　また，婚姻費用の申立てには，相手に離婚に応じてもらうよう仕向ける，という効果もあります。つまり，離婚に同意しない限り，婚姻費用を毎月支払わなければならないので，「お金の無駄だからサッサと離婚に応じるか……」と思ってもらうことを期待するのです。

Q_{uestion} 1-14 調停の準備では何が必要でしょうか？

A_{nswer}

　調停を申し立てるためには，申立書と添付書類が必要です。申立書は，家庭裁判所のWEBサイト[6]から，書式をダウンロードすることができます。また，添付書類は調停の種類によって異なりますが，戸籍謄本，収入証明（給与明細，源泉徴収票，収入がない場合は非課税証明書）などです。

　弁護士に依頼しなくても申立書を作成することはできますが，やや専門的な内容となりますので，依頼しない場合は，家庭裁判所の受付係に相談しながら作成することが無難です。

＊6　https://www.courts.go.jp/saiban/syosiki/syosiki_kazityoutei/index.html

Question 1-15 | 正式契約をした場合の弁護士費用はどれくらいでしょうか？

Answer

　弁護士費用は，①着手金（依頼の最初に支払うお金），②成功報酬（成果に応じて依頼終了時に支払うお金）の，2種類から構成されています。

　着手金と成功報酬について，かつては日本弁護士連合会が報酬基準を定めていました。この基準は廃止されて弁護士費用は自由化されたのですが，現在でもかつての報酬基準に従っている法律事務所が多いです。

　そして，報酬基準は大きく，「お金が動く場合」と「お金が動かない場合」に分けられます。以下，標準的な基準を説明します。

1．お金が動く場合

　動く金額（相手に請求する金額，あるいは相手から請求される金額）に応じて，割合（％）をかけ算して弁護士費用を決めます。

◆動く金額が300万円未満の場合——着手金は8％，成功報酬は16％

◆動く金額が300〜3,000万円の場合——着手金は5％＋9万円，成功報酬は10％＋18万円

◆動く金額が3,000万円以上の場合——着手金は3％＋69万円，成功報酬は6％＋138万円

　たとえば，200万円の未払い残業代の支払いを求めて裁判を起こして100万円の範囲で勝訴した場合は，着手金⇒200万円×8％＝16万円，成功報酬⇒100万円×16％＝16万円，となります。

　また，相手から1,000万円の損害賠償請求訴訟を起こされて，200万円を払う和解が成立した場合は，着手金⇒1,000万円×5％＋9万円＝59万円，成功報酬⇒（1,000万円－200万円）×10％＋18万円＝98万円，となります。

　大雑把に言うなら，「動くお金の2割前後が弁護士費用」ということになります。

2．お金が動かない場合

　お金が動かない場合とは，たとえば，離婚だけを求める場合，自己破産する場合などです。この場合，単純に割合を掛け算して弁護士費用を決め

ることができないため，労力や難易度に応じて増減することになります。離婚調停の場合は，着手金・成功報酬ともに20～50万円程度です[7]。自己破産の場合は，着手金・成功報酬ともに20万円程度です。

X年6月

　　A男さんの自宅に，東京家庭裁判所から離婚調停と婚姻費用調停の書類（封筒）が届きました。A男さんは驚いて封筒を開けましたが，「大した内容ではないな。これならわざわざ弁護士を雇わなくても，自分だけで対応できるな」と呟きました。A男さんは念のため，インターネットで調停の概要と離婚や婚姻費用の法律的な考えを調べて，調停に臨むことにしました。

X年7月①

　　東京家庭裁判所で，午前中，第1回目の調停が開かれました。A男さんは「相手方待合室」で待機し，B子さんと鵜飼弁護士は「申立人待合室」で待機しました。B子さんは同じ建物内にA男さんがいると思うと，心臓がドキドキして冷や汗が出てきました。予定時刻（10時）になると，調停委員が呼びにやってきました。

Question
1-16　家庭裁判所の調停はどのように進むのでしょうか？

Answer ―――――――――――――――――――――――――――――

　調停は，1～2カ月に1回のペースで，1回2時間程度で進みます。6畳ほどの大きさの個室に，30分くらいの間隔で交代で呼ばれます。個室には調停委員2名がいます（重要な場面では，裁判官も顔を出します）。

　待合室は別々なので，相手と直接顔を合わせることはありませんが，エレベーターなどでばったり会ってしまうことが怖い場合は，あらかじめ家

―――――――――――――――――――――――――――――――――――

[7]　離婚のほかに慰謝料や財産分与を求める場合，その金額に応じて別途，着手金や成功報酬が発生します。

庭裁判所の書記官に伝えておけば，極力会わないように工夫してくれます。

　調停委員からは，詳しい事情の確認や，何を希望しているのか確認が行われます。

　なお，遠方の当事者のために，従来から家庭裁判所の調停手続きでは電話会議が活用されていますが，いわゆるコロナ時代に入り，家庭裁判所においてもオンライン会議を活用しようという動きがあります。

X年7月②

　調停では，まずB子さん側から話を聞くことになりました。B子さんは，長い間いかに自分がつらかったか，ときおり涙を浮かべながら自分の言葉で説明しました。鵜飼弁護士は，B子さんが言葉に詰まった際に助け舟を出して，話の流れを促進しました。

　次に，A男さん側から話を聞くことになりました。A男さんは，「なぜ離婚したいのか意味が分からない」「突然出て行くなんて，やり方が普通じゃない」「常識的に考えて，あの弁護士が何か企んでいるに違いない」「委任状を見ていないから，本当に弁護士かどうか分からない」と，調停委員に対して不満を並べ立てました。

　交代して，調停委員はB子さん側に対して，A男さんが述べた内容を伝えました。B子さんは，A男さんが自分の気持ちを理解してくれないことに唖然として，落胆しました。調停委員は，A男さんにB子さんの真意が伝わっていない（B子さん自身の意思で家を出たことに疑問を抱いている）ことが，話し合いの妨げになっていると考えました。そこで，調停委員からのアドバイスで，次回の調停までに，B子さんが直筆で，A男さん宛に自分の気持ちについて手紙を書くことになりました。

X年8月

　B子さんは中野さんへ，調停委員から夫へ手紙を書くようにア

ドバイスされたことを告げました。カウンセリングを通じてＢ子さんは，決してＡ男さんのことが憎いわけではなく，ただ一緒にいるのはつらい，しんどい，そのことを分かってほしい，という自分の気持ちを整理することができたので，それを手紙に書くことにしました。

　Ｂ子さんはじっくり１週間かけて，直筆で以下の手紙を書いて，鵜飼弁護士を通じてＡ男さん宛に送りました。

　　Ａ男さんへ

　貴方と結婚したことには感謝しています。

　だけど，結婚当初から，夫婦間で上手くコミュニケーションが取れないことに悩んでいました。貴方はいつも自室でオンラインゲームに没頭しているし，休みの日も独りで出かけてしまうし。私が話しかけても反応がないことが多いので，ちゃんと聞いてもらっているか不安でした。また，些細なことで怒り出したり，何に対して怒っているのか分からないことも多く，私は貴方を怒らせないように，いつもビクビクしながら生活していました。

　Ｃが産まれれば少しは変わってくれるのかと期待しましたが，貴方にとって育児はストレスと感じるようで，ますますコミュニケーションが取れなくなりました。Ｃの発達支援のことで相談しても，まったく取り合ってくれないので，私は独りでどうしてよいかノイローゼになりそうでした。

　私が我慢すれば丸く収まるんだと自分に言い聞かせて，何とか過ごしてきましたが，１月に私が熱を出したとき，貴方は「うつされると困る」と言うだけでした。このとき，私はもう限界だと感じました。自分を騙すことは限界でした。

　私は，勇気を出して，一縷の望みを抱いて，貴方に「私たちの夫婦関係っておかしいと思わない？」と尋ねましたが，貴方からの答えは「何が？」の一言でした。このとき，私は，はっ

きりと，貴方と離婚しようと決意しました。シングルマザーに
なってもいいから，Ｃを独りで育てようと決意しました。

　貴方は，私が出て行ったのは，弁護士さんの差し金だと思っ
ているようですが，まったく違います。100％，私の意思です。

　どうか，私の気持ちを理解してください。最後のお願いで
す。

　Ａ男さんはＢ子さんの手紙を受け取り，何度も読み返しまし
た。Ｂ子さんが自分の意思で離婚したいと考えていることは理解
したものの，離婚したい理由には納得できませんでした。

X年9月

　第2回目の調停が開かれました。

　まずＡ男さんが呼ばれ，調停委員に「手紙を読みましたか？」
と聞かれたので，「はい，読みましたが，デタラメばかりです」
と答えました。続けてＡ男さんは，婚姻費用の請求について，
「自分から出て行ったのに，生活費を請求するのはおかしい。自
己責任で生活すべきです」「妻の実家は裕福で，実家から援助を
受けているはずです」「今年はボーナスが下がりそうだから，そ
の分を考慮してもらわないと困ります」「妻が勝手にＣを療育に
連れて行ったのだから，その費用を妻が負担するのは当然ですよ
ね」とまくし立てました。

　調停委員が，「婚姻費用の話はちょっと置いておいて，離婚に
ついてどうお考えですか？」と尋ねたところ，Ａ男さんは，「反
論書」と題した4ページにわたる文書を提出しました。調停委員
がざっと読んだところ，Ｂ子さんの手紙を一行一行引用して，注
釈を書き加えるように反論が書かれていました。後半部分は，
「私が受けたモラハラ」とのタイトルが付されていて，「〇年〇月
に〇〇された」という論調で，Ｂ子さんに対する不満が書き連ね
てありました。

　交代して，Ｂ子さん側が調停室に呼ばれました。調停委員から

A男さんが述べたことの要旨の説明を受けました。そして，A男さんが提出した手紙のコピーを渡されました。B子さんは恐る恐る手紙を読んだところ，心臓がドキドキして，脂汗が止まりませんでした。

調停委員は，「離婚については少しじっくり話し合いを進めるとして，まず婚姻費用について合意できるよう進めましょう」と双方に提案しました。そこで，次回までに，双方が婚姻費用についての考え方をまとめてくることになりました。

X年10月

A男さんは，インターネットで「男性側」「離婚に強い」「弁護士」というキーワードで検索して弁護士を探したところ，力強そうな印象のホームページを見つけたので，その事務所の「虎丸弁護士」に正式依頼することにしました。

B子さん側は離婚の話が進まないことに落胆しましたが，気を取り直して，婚姻費用について，考えをまとめることにしました。B子さんとしては，多くもらえるに越したことはないけれども，基本的には相場（家庭裁判所の算定表）従い，ただ，C君の療育支援にかかる費用だけは上積みしてもらいたいとしました。そのためB子さんは，児童精神科医に，通常よりも詳しく診断書を書いてもらうことにしました。

Question 1-17 | 家庭裁判所の算定表とはどのようなものでしょうか？

Answer ——————————————————

婚姻費用や養育費は，法律で厳密な計算式が定められているわけではありません。そのため，家庭裁判所の実務の積み重ねによって，目安（基準）が確立されてきました。これが「算定表」と呼ばれるものです（裁判所のWEBサイト[8]からダウンロードすることができます）。算定表を見

———————————

[8] https://www.courts.go.jp/toukei_siryou/siryo/H30shihou_houkoku/index.html

れば，夫婦双方の収入金額に応じて，婚姻費用や養育費を簡易に算出することができます。

たとえば，子ども2人（14歳未満）の夫婦で，妻が子ども2人を連れて別居して，夫の年収が600万円，妻の年収が150万円の場合，夫が妻へ渡す婚姻費用は月額12～14万円となります。この夫婦が離婚して，妻が子どもを引き取って育てる場合，夫が妻へ渡す養育費は，月額8～10万円となります。

月額○～○万円と金額に幅を持たせてあるのは，双方の事情を考慮して微調整するためです。たとえば，妻が実家で暮らしているため家賃がかかっていない場合，金額幅のなかで低いほうを採用されることがあります[9]。

ちなみに，当事者が合意すれば，算定表とは異なる金額で婚姻費用や養育費を決めることもできますが，合意が難しい場合，算定表が基準として大きな影響力を持ちます（後述の審判手続きに移行したとしても，算定表を基準とした結論が出る可能性が高いです）。したがって，婚姻費用や養育費を検討する際は，まずは算定表の金額を把握することが重要です。

X年11月

第3回目の調停が開かれました。

A男さん側は，「妻は自分から出て行ったのに，働かず実家で暮らしている」「妻は働けば年収300万円は稼げるはず」「実家暮らしだから家賃はかかっていない」「現在の年収は1,000万円だが，役職定年で年収700万円くらいに下がる可能性が高い」との理由から，年収700万円と年収300万円を算定表に当てはめて，月額10万円を提案しました。

B子さん側は，「子どもが落ち着かず，いつも付き添っていないとダメなので，働くことはできません（年収はゼロとして算定）」「実家も広くないので，いつ出て行かなければならないか分

---

[9]　秋武憲一（2021）『離婚調停〔第4版〕』日本加除出版，288頁

かりません」との理由から，年収1,000万円と年収ゼロを算定表に当てはめて，月額20万円を提案しました。また，C君の療育支援の費用として，月額2万円を追加してほしいと提案しました。

調停委員から，「A男さんが遠くない将来，役職定年となる可能性があることは理解できますが，実際にどの程度年収が下がるかどうか未確定なので，850万円としてはいかがでしょうか。一方，B子さんもまったく働けないということはないと思うので，年収100万円としてはいかがでしょうか。これを算定表に当てはめると，14〜16万円の幅となります。これにC君の療育支援の費用を考慮して，月額16万円でいかがでしょうか」と提案がありました。

双方，調停委員からの提案を持ち帰って，次回までに検討することになりました。

X+1年1月

第4回目の調停が開かれました。

B子さん側は，「早く決着して離婚の話を進めたいので，調停委員の提案（月額16万円）に同意します」と述べました。

一方，A男さん側は，「年収850万円と年収100万円は納得できません」「C君の療育支援の費用は，妻が勝手に始めたことなので認めません」「月額12万円で合意できなければ，審判に移行してもかまいません」と述べました。

調停委員は，担当裁判官と相談（評議）した結果，これ以上婚姻費用の話し合いを続けても合意に達する見込みがないと判断し，手続きは「審判」へ移行することになりました。

また，調停委員は，A男さん側に対して離婚についての意見を確認したところ，「絶対に応じるつもりはありません」との回答でした。調停委員はその旨をB子さん側に伝えたところ，B子さん側は「調停不成立でかまいません」と述べたため，離婚調停は不成立で終了となりました。

X+1年2月

　　A男さんは今後の対応について虎丸弁護士と協議して，面会交流の調停を申し立てることにしました。

　　B子さんは今後の対応について鵜飼弁護士と協議して，離婚裁判はしばらく起こさないことにしました。

　　B子さんはこの先どうなるのか不安で，眠れなくなるときもあったため，定期的に中野さんのカウンセリングを受けて，不安な気持ちを聴いてもらうことにしました。

Question 1-18 | なぜB子さんは離婚裁判をしばらく起こさなかったのでしょうか？

Answer

　一般的に，ある程度の年数の別居期間を経ていないと，裁判で離婚は認められません。この年数は一律に決まっているわけではなく，別居以外のさまざまな事情との総合考慮によって，離婚の可否が検討されます（Q1-7参照）。そのため，B子さん側は，しばらく「別居期間を稼ぐ」という方針を立てました。

X+1年4月

　　家庭裁判所において，婚姻費用分担請求の審判手続きが開かれました。A男さん側，B子さん側の双方は，言い分を記した書面を家庭裁判所へ提出しました。

　　次回までに，追加で提出したい証拠や，反論したい事項があれば書面で提出して，その後，裁判官が結論を出すことになりました。

Q_{uestion} 1-19 審判の手続きはどのように進むのでしょうか？

A_{nswer}

　審判の手続きは，調停委員は参加せず，裁判官が進めます。調停で提出された書面や資料を再度整理して，裁判官が婚姻費用の金額を決定します。代理人として弁護士を頼んでいれば，調停とは異なり，本人がわざわざ家庭裁判所へ出廷する必要性は高くありません。

　調停との違いは，調停はあくまで話し合いなので，たとえ調停委員や裁判官から助言や勧告があったとしても当事者は従う義務はないのですが，審判では，当事者が何を言おうが最終的に裁判官が決定を出して，当事者は従う義務を負う，というものです。

X＋1年4月

　　家庭裁判所において，面会交流の第1回目の調停が開かれました。

　　A男さん側は，「子どもに会うのは親の権利です」「週1回会うことを希望します」「Cはうちの家系の跡取りにしようと思っていました」と主張しました。B子さん側は，「Cはせっかく新しい環境に馴染んできたし，本人が父親に会いたいとも言っていないので，できれば会わせたくありません」と主張しました。

　　調停委員から，B子さん側に対しては，「C君に，父親に会いたくないかどうか，次回の調停までにもう一度聞いてみてください」と依頼し，A男さん側に対しては，「週1回ではB子さんやC君の負担が大きいので，次回の調停までに，もう少し負担がかからない方法を考えてみてください」と依頼しました。

　　また，婚姻費用の第2回の審判が開かれ，B子さんは，自身が稼働することは困難なことが記載された心療内科の診断書，C君には療育支援が必要であることが記載された児童精神科の診断書を提出しました。A男さんは，勤務先の早期退職プログラムや，

従業員の年代別年収分布の資料を提出しました。

Question 1-20 面会交流の基本的な考え方はどのようなものでしょうか？

Answer

面会交流とは，別居や離婚によって別々に暮らすことになった親と子が面会して交流することです。

面会交流は親の権利だと言われることもありますが，子どもの視点が重要です。特に，モラハラを原因として別居や離婚した場合，子どもを育てている親は，「あんな相手に子どもを会わせたくない」と思うこともあるでしょう。しかし，「子どもの健全な発育のために何が必要か」という視点で考えたとき，たとえ夫婦間ではコミュニケーションがうまくいかなかったとしても，子どもとの関係ではコミュニケーションがうまくいき，それが子どもの健全な発育に貢献するのであれば，親は感情を抑えて面会交流に協力すべきです。

また，面会交流の必要性は理解するけれども，面会交流の具体的な内容（どれくらいの頻度で，どのような場所で，どういった交流をするか）について意見が合わなかったり，相手と直接連絡したくないという事情がある場合，当事者同士での話し合いによる解決は困難であるため，家庭裁判所の調停を利用することになります。

Question 1-21 面会交流の調停はどのように進むのでしょうか？

Answer

婚姻費用や離婚の調停と同じく，家庭裁判所の個室で，交互に調停委員から事情を聴かれます。調停では，面会交流の具体的内容（面会頻度，面会場所など）や，子どもの意思（別居している親に会いたい気持ちがあるか）について，話し合いが行われます。

話し合いがスムーズに進めば良いのですが，離婚やお金の問題で夫婦が

対立している場合，「子どもの健全な発育のため」と，視点を切り替える
のが難しいこともあります。

　また，子どもが調停に直接参加するわけではないので，子どもの真意が
問題となる場合があります。そのため，たとえば，妻（母親）が「子ども
は父親に会いたくないと言っています」と述べたとしても，夫（父親）は
「子どもが本当にそう言っているのか信用できない」と考えることもあり
ます。

　そのような場合，家庭裁判所調査官（法律だけでなく，心理学の素養を
備えた専門職員）が，親の影響がないように工夫して，子どもと面談を実
施し，子どもの真意を聞くことが行われます。

X＋1年5月

　　家庭裁判所は，「相手方は，申立人に対して，別居解消または
離婚成立までの間，月額16万円を支払え」との審判を出しまし
た。審判書には理由として，①相手方（A男）の年齢や勤務先
の人事施策からすると，近い将来年収が850万円程度に下がる可
能性が高い，②申立人（B子）の体調や精神状態からすると，フ
ルタイムで稼働することは見込めないが，一方で，これから将来
にわたってまったく稼働できないとまでも言えず，年収100万円
程度とするのが相当である，③子（C君）には療育支援が必要で
あり，その費用として月額2万円程度生じることは，婚姻費用算
定に当たり考慮すべき事情である，④以上を総合考慮すると，婚
姻費用として月額16万円が相当である」と記載されていました。

　　審判書を受け取ったA男さん，B子さんは，それぞれ弁護士と
相談しましたが，高等裁判所で争っても金額が変わる可能性は少
ないとの結論に至り，ともにこの内容を受け入れる（高等裁判所
へ不服申立てしない）ことにしました。

X＋1年6月

　　面会交流の第2回目の調停が開かれました。B子さん側は，

「本心から言えば，Cを父親に会わせたくないですが，Cは会ってもよいと言っているので，会わせてもよいです。ただ，夫に預けっ放しにするのは不安なので無理です」と述べました。そこで，調停委員から，「まず1回，お試しで面会交流を実施してみてはどうでしょうか」と提案がありました。

Question 1-22 | 面会交流をしたくても相手が怖い場合，どうしたらよいでしょうか？

Answer

　たとえば，母親が子どもを連れて別居しているケースでは，子どもが父親に会いたいと言っているけれども，子どもを父親に預けると返してもらえないおそれがあったり，面会交流に立ち会うと，相手から嫌なことを言われそうで怖かったりする場合があります。

　そのような場合，家庭裁判所の面会交流の最中であれば，試行的に面会交流してみる，ファミリーレストランなどオープンスペースで面会交流する，弁護士に同席してもらう（あるいは少し離れたところで見守ってもらう）ことが考えられます。

　また，面会交流をサポートしてくれる支援団体があります。たとえば，元家庭裁判所調査官によって設立された公益社団法人家庭問題情報センター（通称FPIC）では，面会交流の連絡調整をしたり，FPICの施設内で面会交流（付き添い，受け渡し）をしたりする，有料サービスがあります（東京，名古屋，大阪，広島，福岡など）。詳しくはFPICのWEBサイト[10]をご覧ください。

X+1年7月

　ある日曜日の昼間，東京郊外のファミリーレストランにおいて，試行的面会交流が実施されました。A男さん，B子さん，C

---

*10　http://www1.odn.ne.jp/fpic/index.html

君が同じテーブルに座って，鵜飼弁護士は少し離れた席に着きました。

　A男さんとB子さんは目を合わせることなく，沈黙が続きました。おもむろに，A男さんはC君に対して，高価な携帯ゲーム機の箱をプレゼントとして渡しました。C君はその場で箱を開け，無言で携帯ゲーム機をいじり始めました。B子さんは「勝手にゲーム機を与えないで欲しい」と苦言を呈しましたが，A男さんは「勝手に出て行った者に，そんなこと言われる筋合いはない」と言い返しました。鵜飼弁護士が，「まあまあ，今日はそういう話はやめて，笑顔で過ごしましょう！（汗）」とその場をとりなししました。

　その後，あまり会話が進むことなく，面会交流は90分で終了となりました。

　その日の晩，B子さんは，ファミリーレストランでの出来事を思い出すと，胸が締め付けられるような気持ちになったので，中野さんに連絡して，オンラインで話を聴いてもらいました。

X+1年8月

　面会交流の第3回目の調停が開かれました。B子さん側は，調停委員へ先月の試行的面会交流の結果を伝え，「やはり面会交流をさせたくないです。Cもゲームをしているだけで，意味がありません」と意見を述べました。一方，A男さん側は，「Cも喜んでいたし，成功でしたよ。最低でも月1回は面会交流したいですね」と意見を述べました。

　双方の意見の食い違いが大きく，譲り合うことも難しいため，調査官による調査を実施することになりました。

X+1年10月

　家庭裁判所の調査官がB子さん宅を訪問して，C君と二人きりで面談しました。雑談でリラックスした後，調査官が「お父さんと会いたい？」と尋ねると，C君は「どっちでもいいけど」と答えました。その後，調査官は，B子さん本人，B子さんの両親か

らも事情を聴きました。また，調査官は，C君が通う小学校の担任からも電話で事情を聴きました。

　後日，調査官は，「C君は父親と面会交流することについて，積極的とまでは言えないものの，拒否しているわけでもない」「同居親B子さんは，面会交流の重要性は理解しており，現時点で面会交流を実施した場合に，特に懸念すべき支障が存在するとは認められない」などの調査結果をまとめました。

X＋1年11月

　面会交流の第4回目の調停が開かれました。調査官の調査をもとにして，調停委員から，面会交流を実施することを前提として，頻度を話し合ってはどうかと助言がありました。B子さん側は，「年に2回程度で十分です。場所はファミリーレストラン以外は嫌です」と意見を述べました。A男さん側は，「最低でも月1回で，夏休みと冬休みは，宿泊を伴う面会交流を求めます」と意見を述べました。

　双方ともに譲り合うことは難しいため，面会交流の調停は，審判へ移行しました。

X＋2年2月

　面会交流の審判手続きは，1月に家庭裁判所で審問期日が開かれて，2月に決定が出ました。

　「相手方は，申立人に対し，2カ月に1回，子との面会交流を実施しなければならない」

　B子さん側，A男さん側は，ともに不満はありましたが，この決定を受け入れることにしました。

　婚姻費用や面会交流の審判も終わり，家庭裁判所の手続きがひと段落したため，A男さんと虎丸弁護士は，いったん委任契約を解消することになりました。B子さんは，面会交流に同席してもらったり，今後，離婚訴訟を起こすかどうか相談したりするため，引き続き鵜飼弁護士と委任契約を結ぶことになりました。

　B子さんは中野さんと面談して，家庭裁判所の手続きがひと段

落したことを報告し，自分の気持ちが随分と楽になったことを確
認しました。

Question 1-23　なぜ裁判所はこのような結論を出したのでしょうか？

Answer

　裁判所は，調査官による調査結果を尊重して結論を出します。月1回の
頻度で面会交流が認められるケースも多いですが，今回は両親が強く対立
しており，C君自身も面会交流に積極的というわけではないため，2カ月
に1回の頻度となりました。

X+2年5月

　　これまでB子さんには，婚姻費用の審判で決められた金額が毎
月支払われていましたが，今月になって，A男さんから「裁判所
の命令に従って子どもに会わせないから，こっちも裁判所の命令
に従いません」と連絡が届きました。

　　驚いたB子さんは，鵜飼弁護士に相談して，婚姻費用を支払う
よう警告書を送ってもらいました。すると，A男さんから電話が
あり，「先生，裁判所の決定には『相手方は申立人に対して面会
交流させよ』って書いてあるでしょう？　だったら，相手方から
連絡してくるのが筋ですよね？」と述べたので，鵜飼弁護士は，
「確かに決定にはそう書いてありますが……。こういう場合は，
権利を主張する側から申し入れるのが通例なのです」と答えまし
た。するとA男さんは，「そんなの知りませんよ。とにかく，そ
ちらが裁判所の命令に従わないなら，こちらも従う義務はありま
せん」と述べるだけで，話し合いは平行線に終わりました。

Question 1-24　婚姻費用や養育費を払わない人はどれくらいの割合でしょうか？

Answer

　厚生労働省の「平成28年度全国ひとり親世帯等調査結果報告」[*11]によると，母子世帯のうち，「現在も養育費を受けている：24.3％」「（過去に）養育費を受けたことがある：15.5％」「（一度も）養育費を受けたことがない：56.0％」となっています（残り4.2％は不詳）。婚姻費用について同様の調査は行われていないようですが，同様の傾向と思われます。

　すなわち，7〜8割の人が養育費を受け取っていないわけですが，その理由のヒントとして，上記の厚生労働省の報告は，「母子世帯が養育費の取り決めをしなかった理由」を調査しています。その調査結果によると，「相手とかかわりたくない：31.4％」「相手に支払う能力がないと思った：20.8％」「相手に支払う意思がないと思った：17.8％」などとなっています。つまり，多くのケースで，養育費請求を諦めているのが実情です。

Question 1-25　A男さんの言い分は法律的に通用するのでしょうか？

Answer

　裁判所の判決や決定には，「○○円を支払え」「○○を明け渡せ」「○○しなければならない」と，命令口調で締めくくられることが通例です。

　しかし，この命令口調の法律的な意味は，従わない場合に逮捕されるというものではなく，あくまで「相手が任意に従わない場合，強制執行するお墨付きを得る」というものにすぎないのです（強制執行について詳しくはQ3-24）。

　したがって，面会交流について，子どもの同居親であるB子さん側から，積極的に「いつ会わせましょうか？」と連絡を入れることは問題ないのですが，逆にB子さん側から連絡がないからといって，A男さんが待っ

＊11　https://www.mhlw.go.jp/stf/seisakunitsuite/bunya/0000188147.html

ているだけでは，何も起きません（自分から動く必要があります）。

　また，婚姻費用と面会交流は，「家事事件」という括りでは同じですが，法律的には別々の権利義務を定めたものであるため，「そっちが守らないなら，こっちも守らない」という論法は通用しないのです。心情的には，「子どもに会わせないのだったら，養育費を払わない（引き換え条件だ）」と言いたくなる気持ちは理解できなくもないですが，法律的には別問題ですし，「子どもの健全な発育」という観点からも，切り離して冷静に考えるべきです。

X＋2年6月

　　　B子さん側は，強制執行（口座や給与の差押え）を行うかどうか検討しました（強制執行について詳しくはQ3-24）。しかし，給料を差し押さえると，A男さんの勤務先に裁判所から通知が届き，A男さんは会社に居づらくなってしまい自暴自棄になる可能性や，口座を差し押さえると，激怒して今後話し合いができなくなる可能性があるため，当面，強制執行は行わないことにしました。B子さんは実家から援助を受けて，また短時間のパート仕事を始めて，何とか家計を維持していくことにしました。

　　　一方，A男さんからは，依然として面会交流の申し入れはありませんでした。

Question 1-26 | 面会交流が実施されているのはどれくらいの割合でしょうか？

Answer

　前記の厚生労働省の平成28年度調査報告によると，離婚して子どもを母親が引き取った場合で，父親と子どもが面会交流を実施している割合は，「現在も面会交流を行っている：29.8％」「面会交流を行ったことがある：19.1％」「面会交流を行ったことがない：46.3％」となっています（残り4.8％は不詳）。

　また，同調査報告によると，面会交流を実施しない理由として，不詳が52.1％と最も多いのですが，「相手が面会交流を求めてこない：13.5％」「子どもが会いたがらない：9.8％」「相手が養育費を支払わない：6.1％」となっています。

　前記の養育費の調査結果と併せてみると，養育費は未払いで面会交流も未実施，という世帯（離婚後に元夫婦間でつながりがまったくないケース）が多いことが分かります。

　　　別居（X年3月）から2年以上経過したので，B子さんは，引き続き鵜飼弁護士に依頼して，離婚裁判を起こすことにしました。

Question 1-27　離婚裁判はどのように進むのでしょうか？（離婚調停との違いは？）

Answer

　離婚調停と離婚裁判（＝離婚訴訟）の一番の違いは，強制力です。調停は話し合いなので，相手が「嫌です（離婚しません）」と言えば成立しないのに対して，離婚裁判は，相手が嫌と言おうが法律的な離婚原因（Q1-5参照）があると裁判所が認めれば，強制的に離婚が認められます。

　離婚裁判は，家庭裁判所の法廷で行われます。法廷はテレビドラマのような雰囲気で，真ん中の檀上に黒い法服を着た裁判官が座り，左右の席に当事者が向かい合う形で座ります。後方には傍聴席がありますが，傍聴する人がいることは稀です。

　離婚裁判の大まかな進行では，お互いの主張（言い分）を書面で出し合い，主張が食い違う部分があれば証拠を出し合うことになります。たとえば，訴える側（原告）が離婚原因として「モラハラをされた」と主張し，訴えられた側（被告）が「そんな事実はない」と否定した場合，LINEの記録，日記などが証拠として提出されます。

　なお，一般的に民事裁判は，書面の出し合いが中心なため，全体的に

淡々と進みますが（次回の日程を決めるだけで，１分で終わることもあります），離婚裁判は，当事者の意思や希望を確認する場面もあるため，そこまで淡々と進むわけではありません。

　離婚裁判では，離婚の審理と併せて，子の監護に関する処分（親権者の指定，養育費など），財産分与（詳しくはQ1-32），年金分割（詳しくはQ1-34）に関する「附帯処分」を求めることができます。この附帯処分のメリットは，同じ裁判官に一括して離婚に関連する事項を判断してもらうため，迅速かつ統一的な判断が期待できることです。また，慰謝料についても，離婚訴訟のなかで併せて請求することができます。

X+2年9月

　第１回目の離婚裁判が開かれました。双方から事前に書面（B子さん側は訴状，A男さん側は答弁書）が提出されましたが，裁判官から，ポイントを説明してほしいと告げられました。

　B子さん側は鵜飼弁護士だけ出廷し，「いわゆるモラハラを原因として別居から２年６カ月が経過し，これまで被告側から修復に向けた努力がなされていません。また，被告側から面会交流の申し入れもありませんし，婚姻費用の支払いも止まっています。これらの事情に照らすと，婚姻関係は破綻しています」と述べました。

　一方，A男さんは，弁護士を依頼せず本人が出廷し，「モラハラなんてでっち上げです。こちらは夫婦関係を修復する用意があるのに，一方的に同居義務を放棄しているのは妻側です。面会交流も，裁判所の命令を無視しているのは妻側です」と述べました。

　裁判官がA男さんに対して，「仮に離婚になった場合，親権についてどう考えていますか？」と尋ねたところ，A男さんは，「親権はこちらが持ちます」と答えました。

　以上のやり取りを踏まえて，裁判官は，原告（B子さん）側に対して，次回までにモラハラの証拠を整理して提出するよう求め

ました。一方，A男さんに対しては，面会交流を求めない理由と
婚姻費用を払わない理由を整理し，自分が親権者にふさわしいと
考える根拠や証拠を提出するよう求めました。

Question 1-28　親権争いになったとき裁判所はどのように判断するのでしょうか？

Answer

巷では，「親権争いは母親が強い」と言われることがありますが，そのように単純に決まるわけではなく，さまざまな事情を総合考慮して決められます。

その際の考慮要素について，元裁判官執筆の解説書[*12]では，「父母側の事情として，監護能力（年齢・性格・教養・健康状態等），精神的・経済的家庭環境（資産・収入・職業・住居・生活態度等），居住環境，教育環境，子どもに対する愛情の程度，これまでの監護状況，実家の資産，親族の援助の可能性等が検討されています。最近では，面会交流実施の許容性も考慮要因とされています。また，子どもの側の事情としては，年齢，性別，心身の発育状況，現在の環境への適応状況，環境の変化に対する適応性，子どもの意思・意向，父母及び親族との情緒的結びつきなどが検討されています」と解説されています。

これらの事情は，家庭裁判所の調査官が家庭訪問をしたり，学校に問い合わせをしたりして調査します。

Question 1-29　A男さんの主張は通用するのでしょうか？

Answer

前記の考慮要素をもとに検討してみると，現在C君を監護しているB子さん側について，監護能力，家庭環境，教育環境，子どもに対する愛情，

---

*12　秋武憲一（2021）『離婚調停〔第4版〕』日本加除出版，166-167頁

これまでの監護実績，実家からの援助，子どもの環境適応など，特に問題
は見当たりません。

　C君の意思は，はっきりとは分かりませんが，ほとんど面会交流を実施
していないことからすると，C君が「お母さんじゃなくて，お父さんと暮
らしたい」と言うとは考えにくいです。なお，面会交流が実施されていな
いのは，B子さんが拒否しているからではありませんので，その点は重要
視されないでしょう。

　一方，A男さん側の事情としては，過去同居していた際に，C君に十分
接していたわけではなく，監護能力があるかどうか不明です。また，仮に
C君を引き取ったとして，適切な養育環境を提供できるかも不明です。

　ちなみに，父親側から，「私のほうが経済力あるから，私が親権者に
なったほうが，十分な教育を受けさせることができる」と主張することが
ありますが，経済力の差は，養育費の支払いによって埋め合わせることが
法律の建前ですので，経済力の差が重視されるわけではありません。

X＋2年10月

　　　第2回目の裁判が開かれました。裁判官から指示があった点に
　　ついて，原告側被告側の双方は，書面や証拠を提出しました。
　　　裁判官は，それぞれ反論があれば書面で提出するよう促し，次
　　回は，弁論準備として1時間くらい時間を取って話し合いの場を
　　持つので，離婚や親権だけでなく，「仮に離婚になった場合の金
　　銭面の問題（養育費，財産分与など）についても，少し検討して
　　みてください」と双方へ指示を出しました。

 Question 1-30　裁判官はどのような意図を持っているのでしょうか？

Answer

　裁判が進むなかである程度争点が絞られてくると，書面のやり取りをす
るだけでなく，時間を取ってじっくり話を聞くという手続き（「弁論準備

手続き」と言います）に移ることが多いです。この手続きは，法廷ではなく，6畳ほどの個室で行われます。

　この段階では，裁判官はある程度の心証を抱いていますので（判決を出すとしたらどんな内容になるか想定していますので），当事者に対して，心証をそれとなく示しつつ，話し合いによる解決を促します。

　一般の民事事件でも裁判官は話し合いによる解決を促しますが，離婚裁判など家族の問題では将来も人間関係が続くので，判決であえて勝者敗者をはっきりさせるのではなく，なるべく話し合いで解決しようという傾向が強いです。

　この裁判官は，「仮に」とはいえ，離婚になった場合の金銭問題について考えるように促しているので，判決になれば離婚は認められるとの心証を抱いているのでしょう。

X＋2年12月

　第3回目の裁判では，個別に裁判官と話すことになりました。

　まず，裁判官はA男さん側に対して，「これまでに提出された書面や証拠から判断すると，婚姻関係は破綻していると考えています。親権も母親がふさわしいと考えています」「もちろん，審理を続ければ，心証が変わることもありますし，どうしても親権を譲りたくないというのであれば，家庭裁判所の調査官による調査を行うことも考えられます」「話し合いで解決するなら，金銭条件で少しでも有利になるよう試みてはいかがですか？」と告げました。A男さんは黙り込んだ後，「今すぐに返事はできませんが……離婚は仕方ないのですね……お金のことは，ちょっと考えてみます」と答えました。

　次に，裁判官はB子さん側に対して，「もしB子さん側が金銭面で譲歩してもらえるなら，円満に離婚できるよう話し合いを続けてみたいと思いますが，いかがでしょうか？」と提案しました。

　そこで，次回までに，まずB子さん側から具体的な金銭条件を

提案することになりました。

X＋3年1月

　　B子さんは鵜飼弁護士と面談して，離婚裁判をこれ以上進めるべきか相談しました。鵜飼弁護士は次のように，裁判が長引いた場合の懸念点を説明しました。

- ◆話し合いが決裂してこのまま裁判が続くと，一般的な流れとして，①家庭裁判所の調査官による調査を行う，②お互いの言い分を改めて記した「陳述書」を提出する，③法廷で「本人尋問」を実施することになる。
- ◆家庭裁判所の調査官の調査では，調査官がC君と面談するため，C君は両親が親権について争っていることを察することになり，精神的な負担がかかる。
- ◆また，陳述書を作る過程で，結婚生活で嫌だったことを具体的に記すことになるため，精神的な負担がかかる。
- ◆さらに，法廷で直接，A男さんとB子さんが対峙して，いわば「悪口合戦」を繰り広げることになるため，相当な精神的負担がかかる。
- ◆他に考えられる懸念点としては，法廷で直接悪口合戦までやってしまうと，たとえ裁判で勝った（離婚が認められた）としても，A男さんには悪感情しか残らないだろうから，将来何かあったときに協力をお願いすることは難しくなる。

　　説明を聞いたB子さんは，「分かりました……。カウンセラーとも相談して，よく考えてみます」と答えました。

　　後日，B子さんは中野さんに鵜飼弁護士の説明を伝えました。中野さんはB子さんに対して，「1年後，3年後，5年後，10年後，B子さん自身がどのように暮らしていたいか想像してみましょう」と提案し，一緒に考えました。カウンセリングのなかでB子さんは，C君が少しでも穏やかに暮らしている未来を最優先したいという気持ちを，改めて確認しました。

　　B子さんは鵜飼弁護士と面談して，話し合いで裁判を終わらせ

るため，金銭面で譲歩（養育費は算定表に準拠，慰謝料請求しない，財産分与はマンション時価の半分の金銭）する，という方針をとることに決めました

Question 1-31 ┃ B子さんが「慰謝料は請求しない」としたのはなぜでしょうか？

Answer

　慰謝料とは，精神的な苦痛に対する損害賠償のことです。モラハラが原因で離婚することになった場合，多くの方が「慰謝料を請求したい」と希望されます。請求するだけであれば自由にできるのですが，相手から実際に慰謝料を支払わせるのは，簡単ではありません。その理由は，①モラハラを証明することが難しく（立証のハードル），②仮に証明できたとしても，慰謝料の金額はそれほど高くならない（評価のハードル）という，二つのハードルがあるからです。

　立証の点では，相手が「確かにそのとおりです（モラハラをしました）」と認めることは稀で，モラハラ被害を訴える側が，モラハラの事実を証明しなければなりません。録音があったり，LINE記録が残っていれば証明できますが，そのような証拠が存在しない場合，証明することは困難です（Q4-22参照）。評価の点では，不貞の場合でも慰謝料は200〜300万円程度なので[*13]，モラハラで100万円を超えることは稀です。

　そうすると，大変な精神的負担にもかかわらず，認められる慰謝料はせいぜい数十万円程度ということになり，まったく割に合わないことになります。そのため，B子さんは鵜飼弁護士と相談した結果，慰謝料をあえて請求しないことにしました。また，慰謝料を請求すると，相手が「むしろ被害者はこっちだ」と激昂して話し合いが進まないこともあるので，B子

---

*13　千葉県弁護士会編集（2013）『慰謝料算定の実務〔第2版〕』ぎょうせい，7-11頁によると，夫の不貞で離婚となった場合の慰謝料（裁判例）は，婚姻20〜30年の場合（2件）は平均325万円，婚姻10〜20年の場合（3件）は平均283万円とされています。

さんはその点も考慮したのでしょう。

　ちなみに，対人援助職に皆さんも，慰謝料の相場を知っているといろいろな場面で有用と思いますので，いくつか紹介します。

　まず，交通事故や医療事故などで人が死亡した場合の慰謝料は，2,000万円程度です。これは，年齢，性別，職業などに関わりありません（「人の命の価値は平等」との思想が背景にあります）。ただし，慰謝料とは別に，逸失利益（その人が将来，どの程度の収入を得ることが期待できたか）という項目でも損害が認められますので，年齢や職業は，逸失利益の算定の際に考慮されます。

　次に，職場でもパワハラ被害の慰謝料は，程度にもよりますが，大雑把にいうと100万円程度です。セクハラ被害の慰謝料も程度問題ですが，最近の裁判例では，「駅のホームで複数回，上司から肩に手を回される」というセクハラ被害について，裁判所が認めた慰謝料は5万円です（東京地裁令和2年3月3日判決）。同じ裁判例では，「懇親会で，『上司○○と食事に行く』などのクジを引かされる」というセクハラ被害についても，裁判所が認めた慰謝料は5万円です。そのほか，「大学運動部の監督が，女子学生を膝の上に座らせて，身体を触って，口説く」というセクハラ被害について，裁判所が認めた慰謝料は70万円です（東京地裁令和2年8月28日判決）。

　以上の慰謝料額を見て，皆さんは「低すぎる」と感じたのではないでしょうか。慰謝料については低すぎるという批判もあるのですが，死亡慰謝料が2,000万円程度であるため，それが上限となってしまい，「死亡しても2,000万円なのだから，ハラスメントはせいぜい○○万円だ」という思考が働いていると思われます。

　良いか悪いかは別として，慰謝料の金額は，想像している以上に低いということを知っておいてください。

X+3年2月

　　　第4回目の裁判では，再び，弁論準備手続で話し合いが行われました。

　まず，B子さん側から，裁判官へ検討結果（養育費は算定表に準拠，慰謝料請求しない，財産分与はマンション時価の半分の金銭）を伝えました。裁判官から，「養育費の終期はいつまでとお考えですか？」と尋ねられたので，B子さんは，「Cが大学を卒業するまで（22歳まで）」と答えました。

　次に，裁判官はA男さんに対して，B子さん側からの提案を伝えました。すると，A男さんは，「マンションは私のもの（名義）です。しかも，自分から出て行っておいて，半分よこせって言うなんておかしいでしょう」「それに，子どもにも会っていないのに，大学卒業まで養育費を払えって言われても……とても納得できません」と答えました。

　裁判官は，引き続き金銭面の話し合いを続けながら，次回の裁判までの間に，面会交流を実施してみてはどうかと提案しました。A男さんは裁判官の提案を受けました。B子さん側は躊躇しましたが，安全が確保される場所であれば応じる，と答えました。

Question 1-32　財産分与の基本的な考え方はどのようなものでしょうか？

Answer

　財産分与は，婚姻期間中に夫婦が共同して築いた財産（「夫婦共有財産」と言います）を，離婚の際に，原則2分の1で分ける，という制度です。イメージで言うと，「大きなドンブリに，名義如何にかかわらず，婚姻期間中に築いたすべての財産を入れて，それを等分で分ける」というものです。

　財産分与には，以下の注意点があります。

◆あくまで婚姻期間中に築いた財産ですので，婚姻期間が短い場合，たとえ相手が多額の貯金を持っていても，結婚前からの貯金であれば，財産分与の対象にはなりません（ドンブリから外して計算します）。

◆また，ここで言う「婚姻期間」とは，正常な婚姻関係ですので，婚姻

関係が破綻して別居になった場合，別居以降に築いた財産（たとえば，別居以降に貯金が増えた分）は，ドンブリから外して計算します。

◆夫婦が共同して築いたものではない財産（たとえば，親から住宅ローンの頭金を援助してもらった場合）は，夫婦共有財産ではないので，ドンブリから外して計算します。

◆不動産の名義が夫婦のどちらか一方であっても，名義如何にかかわらず，財産分与の対象としてドンブリに入れて計算します。預貯金についても同様に，名義如何にかかわらず，ドンブリに入れて計算します。

◆お金は半分に分けるのは簡単ですが，不動産を分けるは簡単ではありません。どちらか一方が不動産を引き取るならば，時価で買い取って清算することになります。ただし，ペアローンを組んでいる場合は，金融機関との交渉が必要となります（勝手に名義変更すると規約違反となります）。

◆財産分与は，必ずしも離婚と同時に行う必要はありません。ただし，離婚成立後，2年以内に請求しなければならない，という制限があります。

◆相手が財産を正直に開示しない場合，見つけることは簡単ではありません（特に，ネット銀行，証券口座，仮想通貨など）。「○○銀行に口座があるに違いない」というある程度の確証があれば，家庭裁判所を通じて，金融機関に対して照会（調査嘱託）をかけることができます。

Question 1-33 養育費はどのようにして決めるのでしょうか？

Answer ———————————————————————————

　婚姻費用は，離婚成立前の配偶者と子どものための費用ですが，養育費は，離婚成立後の子どものための費用です。金額を決めるために「算定表」が重視される点は，婚姻費用と同じです。

　養育費でよく争われるのは，「いつまで払うか（終期）」という点です。これは法律で厳密に決まっているわけではないので，話し合いによって決

めることになります（話し合いがつかなければ，家庭裁判所の調停を経て審判によって決まるのは，婚姻費用と同じです）。終期は，「成人するまで（20歳を迎える月まで）」と決められる例も多いです。ただ，両親の学歴が大卒であって，本人も大学進学を希望している場合などは，「大学卒業の月まで（22歳に達した後の最初の3月まで）」と決められることもあります。

　ちなみに，2022年4月1日から，成人年齢が18歳へ引き下げられました。しかし，法務省の見解[*14]によると，「成年年齢が引き下げられたからといって，養育費の支払期間が当然に『18歳に達するまで』ということになるわけではありません」と説明されています。

　また，算定表の養育費は，公立学校に進学したことを前提に計算されています。そうすると，私立学校に進学した場合の費用をどうするか，という問題が生じます。また，養育費は，数年から十数年先のことを決めるので，長い将来のなかでは大きな怪我をしたり，大病を患ったりして，多額の支出が必要になることもあり得ます。このような「特別支出」については，「双方の収入を基準として協議して決める」と定めたり，いちいち協議するのを避けるために，「8対2の割合で負担する」とあらかじめ負担割合を決めることもあります。

X＋3年3月

　　都内の「FPIC」で，面会交流が実施されました。

　　A男さんは職員のアドバイスを受けて，C君のペースを尊重して，質問攻めにしないで，一緒にお菓子を食べたり，ゲームをしたりして過ごしました。C君はとてもゲームが上手なので，A男さんが「お前，うまいな！」と褒めたところ，C君は「パパと同じ□□大学に入って，人工知能を勉強したいんだ」と，照れながら答えました。

---

*14　法務省「成年年齢の引下げに伴う養育費の取決めへの影響について」https://www.moj.go.jp/MINJI/minji07_00230.html

　B子さんは別室で，久しぶりに父親と会うC君のことを，とても心配しながら待っていましたが，戻ってきたC君は，思ったよりケロッとしていました。

　その日の晩，B子さんはC君と夕飯を食べながら，「パパにまた会いたい……？」と尋ねたところ，C君は「どっちでもいいけど，どっちかというと会いたいかな」と照れくさそうに答えました。

X＋3年4月

　第5回目の裁判が開かれました。

　裁判官は個別に話を聞くことにして，まずA男さんを呼んで，面会交流の様子について尋ねました。すると，A男さんは，「うちの子も大きくなりました。本人は私と同じ大学にも行きたいようですので，養育費は大学卒業まででかまいません」「面会交流は，前の審判で決まったとおりでかまいません」と述べました。裁判官から「ということは，離婚に同意して，親権者はB子さんということでしょうか？」と確認したところ，A男さんは「はい」と答えました。

　続けて，裁判官から「養育費や財産分与など，お金の件はどうしましょうか？」と尋ねられ，A男さんは，「養育費は，算定表のとおりで決めてください。財産分与は，マンションの時価からローン残高を引いた半分を渡します。不動産会社に頼んで，査定を出してもらいました」と答え，4,500万円との査定書と，ローン残高2,500万円との明細書を出しました。

　最後に，裁判官から，「今日，他の条件も検討して決めてしまって，場合によっては，今日離婚成立ということでもかまいませんか？」と尋ねられ，A男さんは「はい」と答えました。

　続けてB子さんが呼ばれ，裁判官から「A男さんは，親権者はB子さんで，離婚に同意します，と言っています」と告げられ，B子さんは，「本当ですか?!」とちょっと驚きました。

　お金の件について，A男さんの提案を告げられたB子さんは，

「次回までに考えさせてください」と答えたところ，裁判官は「今日決めたほうが良いかもしれませよ」と告げました。そのため鵜飼弁護士は，「ちょっと検討しますので，15分程度，時間をください」と告げて，控室でB子さんと協議しました。

B子さんたちは，マンションの時価についてスマートフォンで検索したところ，4,500万円は悪い数字ではないことが分かりました。そこで，療育支援の費用として月1万円を増額してもらえるならば，今日，離婚を決めようと考えました。

15分後，B子さん側は裁判官に対して，「財産分与は了解しました。ただ，養育費は，療育支援のために月1万円を増額してほしいです。それで了解してもらえるなら，今日，離婚を決めます」と答えました。交代して，裁判官からA男さんに対して，B子さんの言葉を告げたところ，A男さんは少し考えて，「Cのためなら仕方ないですね。分かりました」と答えました。

双方が呼ばれ，裁判官から，その他の条件（慰謝料はお互い請求しない，年金分割について一般的な内容，養育費には特別条項を入れる，面会交流は前回の審判と同じ）について確認され，第5回の裁判で，離婚が成立しました（この日の裁判は2時間かかりました）。

年金分割とはどのような制度でしょうか？

Answer

たとえば，夫が会社員，妻が専業主婦の場合，厚生年金に加入している分だけ，年金は夫のほうが多くなります。年金も「夫婦共有財産」の一種と言えますから，離婚に際して分割するという考え方があります。そのため，「年金分割」という法制度によって，婚姻期間における厚生年金の納付記録を離婚時に分割して，夫婦の間で付け替えることができます。

ただし，この制度は，離婚すれば自動的に行われるのではありませんので，当事者間で取り決めをして（合意できなければ家庭裁判所に決めても

らって），離婚の成立日から2年以内に，日本年金機構（年金事務所）に対して請求する必要があります（詳しくは日本年金機構のWEBサイト*15をご覧ください）。

X＋3年5月以降

　離婚成立後，面会交流のための連絡は，当面の間，鵜飼弁護士が仲介（伝書鳩）することになりました。

　A男さんは勤務先を役職定年となり，仕事も忙しくなくなったので，趣味の鉄道撮影やゲームに没頭して，以前よりもストレスを感じずに暮らしています。B子さんは体調も良くなり，C君も落ち着いてきたので，週3回，パートで働き始めました。C君は小学3年生（普通学級）となり，定期的に発達障害の療育支援団体の教室へ通いながら，元気に過ごしています。

　面会交流は2カ月に1度のペースで，ファミリーレストランで実施されていますが，特に問題は起きていません。夏休みには，C君とA男さんの父子二人で旅行することも計画しています。

　B子さんは中野さんのもとを訪れて近況を報告し，「最初にこちらにうかがったときは，一体どうなるかと思って，不安しかありませんでしたが……。一緒にいろいろと考えてくださって，とても助かりました。カウンセリングを卒業するのは何だか寂しいですが，また何かありましたらご連絡してもよいでしょうか…？」と尋ねたところ，中野さんは満面の笑みで「もちろんですよ」と答えました。

---

*15　https://www.nenkin.go.jp/service/jukyu/kyotsu/rikon/20140421-04.html

COLUMN

1——理屈だけではどうにもならない相手の心

　平野啓一郎氏の小説『ある男』（2021年，文藝春秋刊）では，「城戸」という弁護士が登場し，「里枝」という女性から離婚調停の依頼を受けるという設定があります。そのなか（58-59頁）で，次のような描写がありました。

　「代理人を引き受けてから，夫に会ってみて，城戸は，里枝の感情の硬化の原因を次第に理解していった。夫は，捲し立てるように彼に不満をぶつけ，苦痛を訴え，「弁護士だから」，同じ理性的な人間に違いないと信じて，自分に責任をなすりつける妻のおかしさ，愚かさを詰り，自分がどんなに彼女を愛しているかを訴え，子供を亡くした苦しみを涙ながらに語って，復縁を促すように迫った。なるほど，彼は，里枝も評していた通り，「悪い人」ではなさそうだった。しかし，その並々ならぬ自尊心が，妻を傷つけ，残りわずかな命だった幼い我が子を苦しめ，今，彼自身の人生を台なしにしようしている姿は哀れだった。」

　この描写は，とてもリアルだと感じました。私が仕事上で出会う離婚当事者の男性は，テレビドラマに出てくるような典型的な「DV夫」という人もなかにはいますが，それより，「話してみるとそこまで悪い人ではなさそう」という人が多いです。彼らは，「自分は間違っていない（間違っているのは妻だ）」と繰り返し訴えます。その理由（理屈）に耳を傾けると，法律家の視点としては確かに一理あるのですが，夫婦間の問題は，「こちらが正しいから復縁すべきだ」という単純な問題ではありません。「どっちが正しい（どっちが正しくない）」「夫婦なんだから○○すべき」「夫婦なんだから○○するのが当然」「夫婦なんだから○○するのが常識」という言葉をいくら重ねても，相手の心は戻ってくるどころから，ますます離れていきます。
　弁護士として，そのことを分かってもらおうと努力していますが，なかなかうまくいった試しがありません。分かってもらおうというのは，おこがましい考えかもしれません。これは永遠の課題だと感じています。

▶ まとめと弁護士へリファーする際のポイント ◀

◎いわゆるモラハラ事案では，離婚するのは簡単ではないことがお分かりいただけたと思います。離婚が成立するまで，何種類もの調停を行って，数年単位を要することも珍しくありません（B子さんが離婚を決意したのは X 年 1 月頃で，離婚が成立したのは X ＋ 3 年 4 月なので，解決までに約 3 年 3 カ月がかかりました）。

◎そのため，対人援助職の皆さんが弁護士へリファーする際には，長期間のお付き合いになるので，焦らずに，慎重に弁護士を探すよう，アドバイスすると良いでしょう。

◎また，離婚するためには，体力，精神力，経済力など，あらゆる力が長期間にわたって必要となるため，一人で抱え込まず，親族，友人，弁護士，メンタルヘルスの対人援助職など，信頼できる人たちのサポートが必要となります。

◎弁護士側としては，リファーしたら「あとはお任せ」ではなく，対人援助職の皆さんにもなるべく継続的に関わりを持っていただければと願います。

対人援助職の方々からのコメント

　対人援助職の皆さんに事例を読んでいただき，感想，ケースに対応するにあたり弁護士に聞きたい点，弁護士に期待する点，対人援助職として関わりたい点などを寄せていただきました。

●神田裕子さん●

オフィスレアリーゼ代表，心理・産業カウンセラー，
カサンドラ症候群の支援団体「カサンドラ・ラボ」主宰

【カサンドラ症候群に対する弁護士さんの取り組みについて教えてください】

　カサンドラ症候群をめぐる法律的な相談の要望は，カウンセリングにおいても年々増加しています。法律の専門家との連携は必須であり，求めてもいますが，発達障害とカサンドラ症候群について詳しい弁護士さんを見つけるのは至難の業です（医療クリニックでも診療科目を掲げていても，上手かどうかは分かりません）。

　発達障害に詳しくない弁護士さんに，「このくらい夫婦ならよくあること」「あなたももっとしっかりしなくていけない」となかば叱られ，まるでセカンドハラスメントのようだ，と話してくれた方もいました。どうしたらカサンドラ症候群の当事者を傷つけずに，味方になってくださる弁護士さんを見つけられるのかが，一番の課題です。

　そこで質問ですが，一般的に弁護士さんは，発達障害やカサンドラ症候群の勉強をどこかでされる機会はありますか？　また，どれくらい発達障害当事者やそのご家族の気持ちを理解されようとしていますか？

⇒著者からのコメント

　弁護士会の研修会で，精神科医など専門家による発達障害の研修があり

ます。また，離婚やDVの研修のなかで，カサンドラ症候群について言及されることもあります。ただ，全員必修の研修ではないため，発達障害について自ら深く学ぼうという意識がない限り，正しい知識は身につかないでしょう。

　残念ながら，実際のところ，積極的に発達障害の方の事案を引き受けようという弁護士は少ないかもしれません。心理職の方々が求める理解水準には至っていないのが現状であり，弁護士側の課題でもあります。

【弁護士さんと対人援助職とは，どのような連携が取れるのでしょうか？】

　カサンドラ症候群の支援の場において，この事例に登場する夫A男さんのような態度や特性は，共通して多く見られます。発達障害のある人とカサンドラ症候群の関係は，一般的な夫婦関係にありがちな問題のように見えます。しかし，パートナーの能力や言動が極端であり，なかには，執拗なパートナーによってストーカー事件に発展することもあります。

　また，"カサンドラさん"のパートナーに多いトラブルが，ギャンブル依存とそれに伴う借金です。依存症としての心理面のケアは対人援助職が担いますが，法律の専門家としての弁護士さんと，どのような連携を取って支援できるものなのでしょうか？

⇒著者からのコメント

　ストーカー事件になってしまった場合，警察と連携することになりますが，弁護士のサポートも受けたほうが警察とのやり取りもスムーズに進みますし，心理的な負担も軽減されるでしょう。

　また，借金の問題は，まさに弁護士の取り扱い分野ですので，任意整理や自己破産といった法的手続の支援が可能です（詳しくは第2章）。むしろ弁護士としては，「借金の問題は対処できるけど，依存症の問題は手に余る」というのが通常ですので，心理職の方と連携できることは非常に望ましいです。

　一方，連携したくても知り合いの弁護士がいない場合，周囲の援助職の

方に，福祉分野に理解がある弁護士を紹介してもらうことが一番ですが，それも難しい場合は，インターネットで探すことになります。その際には，まず，企業向けではなく市民向けに法律サービスを提供している弁護士を探して，福祉分野の取り扱い経験がありそうな弁護士を選ぶとよいでしょう（弁護士プロフィールを読めば，どの分野に詳しそうか，おおよそ想像がつきます）。

第 2 章　発達障害の若者の困窮

あらすじ

　職が長続きせず生活状態，精神状態が安定しない独り暮らしの若者
Dさんが，精神保健福祉士の渋谷さんや弁護士の支援を受けつつ，
徐々に安定した生活を取り戻していく事例です。この事例を通じて，
生活保護の仕組み，自己破産の仕組み，法テラスの利用法など説明し
ます。

初めての訪問

　渋谷さんは精神保健福祉士の資格を持ち，市内の精神保健福祉
センターに勤務しています。

　ある日，「うちのアパートの隣の部屋の人で，若い男性（Dさ
ん）なんですけど，ここしばらく，部屋に引きこもり気味で，
ちょっと心配なんですよね。部屋にはゴミも溜まっているみたい
だし。たぶん，精神的に病んでいるのではないかと……。そちら
に専門家の方がいるとうかがったのですが，ちょっと訪問してい
ただけますか？」と連絡がありました。

　渋谷さんは，「まず，ご本人に，こちらのセンターに電話をか
けていただけるかどうか，聞いていただけますか？」と尋ねたと
ころ，隣人は「はい，それくらいなら聞いてみますよ」と答えま
した。

　隣人が部屋のチャイムを押したところ，本人（Dさん）が顔を
出しました。部屋はゴミの悪臭が漂っており，郵便物も床に散乱

していました。「大丈夫ですか？　ちょっと心配だから，役所の専門家の人に相談してみたの。そうしたら，まず，この番号に電話をかけてほしいって言われて。きっと力になってくれるから，電話してみてはどうですか？」と，電話番号と担当者名を書いた紙を渡しました。Ｄさんは少し考え込んで，「ちょっと，困っているんですよね……。分かりました，明日あたり，電話かけてみます」と頭を下げて，ドアを静かに閉めました。

　翌日，センターにＤさんから，「ここの番号に電話をするように言われたんですけど……渋谷さんという方はいらっしゃいますか？」と電話がありました。電話を取り次いだ渋谷さんは，「Ｄさん，お電話ありがとうございます。何かお困りことはありますか？　遠慮なくお話ししてくださいね」と声をかけました。すると，Ｄさんは，朝起きられなくて身体がしんどいこと，仕事が続かないこと，借金が増えて困っていること，家賃も滞納していることなど話しました。そこで，あらためて渋谷さんはＤさん宅を訪問して，お話を聴くことになりました。

　3日後，渋谷さんは同僚の保健師と一緒に，Ｄさん宅を訪問しました。玄関先に座って1時間くらい話したところ，以下のような事情が分かりました。

これまでの生活歴

◆年齢は26歳，性別は男性。
◆実家は離れた県にあり，大学進学を機に，現在のアパートで独り暮らしを開始。
◆両親は小学生のときに離婚していて，実家では父親と同居。
◆兄弟姉妹はいない。
◆奨学金を受けながら大学に通っていたが，3回生になってからほとんど大学へ行かなくなり，4回生に進級できずに中退。
◆大学中退後，アルバイト，契約社員を転々として，長い期間同じ職場に勤めた経験はない。
◆24歳のとき，不眠により心療内科に通院したことがあり，そ

の際，医師から ADHD ではないかと言われた。

困っていること

- ◆3カ月前に短期間勤務したアルバイトを辞めてから，仕事を探していない。
- ◆忘れ物が多かったり，集中力が持続しなかったりして，仕事が続かない。
- ◆一時期，毎日のようにパチスロに通っていたが，今は止めている。
- ◆スマートフォンのゲームに，つい課金してしまう。
- ◆少し前に，FX で稼ごうと思ったが，あっという間に50万円損をした。
- ◆貯金が底をついたので，カードローンで借りたお金で凌いでいる。
- ◆カードローンは合計でいくら借りているか，自分でも分からない。
- ◆先月から家賃（月額7万5,000円）を滞納している。
- ◆現在，預金は4万円くらい。財布の中には1万円くらいしか残っていない。

渋谷さんは，「親御さんに頼ることはできませんか？」と尋ねたところ，「母親とはもう10年以上会っていないし，どこにいるかも分かりません。父親は病気で働けないので，頼ることもできません……」とのことでした。

そこで，渋谷さんは，Dさんの支援として，①当面の生活を立て直すために生活保護を申請してもらう，②ADHD などメンタル面の問題に対処するために心療内科を受診してもらう，③借金の問題を解決するために弁護士に相談してもらう，④生活が落ち着いたら就労支援を受けてもらう，という方針を立てました。

X年1月①

Dさんは渋谷さんのアドバイスに従い，市役所の福祉事務所を

訪れました。福祉事務所の窓口はとても混雑していて，皆忙しそうに動き回っているので，Dさんは何だか申し訳なく思いました。

　窓口の担当者は，Dさんの生活状況や職歴などを，次々と質問してきました。渋谷さんのように丁寧に聴き出してもらえなかったため，Dさんは，身体やメンタルがしんどくて起きられないこと，集中力が持続しないので仕事が続かないことを伝えることができませんでした。

　すると，担当者から「3カ月前までアルバイトができていたなら，また探せますよね？」と言われ，Dさんは「……はい」と答えてしまいました。担当者は「じゃあ，仕事探し頑張ってください」「生活保護以外にも，『求職者支援制度』や『生活困窮者自立支援制度』という制度がありますので，パンフレットを差し上げます」と告げ，福祉事務所での面談は終わりました。

Question 2-1　どうして「仕事を探せるはず」との理由で生活保護の申請を受け付けないのでしょうか？

Answer

　法律で「働ける人は生活保護を受けられない」と明記されているわけではありませんが，生活保護法4条1項で「保護は，生活に困窮する者が，その利用し得る資産，能力その他あらゆるものを，その最低限度の生活の維持のために活用することを要件として行われる」と定められているため，この「利用し得る能力」を根拠に，「働ける人は生活保護を受けられない」と言われることがあります。

　ただし，「抽象的に働ける」ということと，「実際にすぐ働いて収入を得て生活できる」ということは，イコールではありません。そのため，求職活動したにもかかわらず結果として就職できない場合や，健康状態が悪いため働くことが難しい場合は，「利用し得る能力を活かしているが，結果が伴わないのはやむを得ない」として，生活保護の要件を満たすことになります。

　なお，長年のケースワーカー経験者である外場氏は，「かつては，確か
に福祉事務所へ保護の相談に行っても，何かと注文をつけられ門前払いと
いうことはよくありました。2008年ごろ，100年に一度といわれた大不況
時代に，『派遣切り』が横行して大きな社会問題となりました。そのと
き，『最後のセーフティーネット』といわれる保護制度が，十分に機能し
ていないのではないかということが問われました。それ以後，保護受給の
ハードルは大幅に低くなっています」[*1]と指摘しています。

Question 2-2 ｜ 求職者支援制度とはどのような制度でしょうか？

Answer

　ハローワークが支援主体となって，職業訓練を受けながら，訓練期間中
の2～6カ月間，月10万円の給付金が受給できる制度です。

　ただし，誰でも受給できるわけではなく，失業保険がもらえないこと，
収入や資産が一定基準（収入月8万円，資産300万円など）を下回ってい
ること，労働の意思と能力があること，ハローワークに求職の申し込みを
すること，などの条件があります。詳しくは厚生労働省のWEBサイト[*2]
をご覧ください。

　Dさんの場合，健康状態が優れないため，職業訓練や就職活動をするこ
とが困難ですし，月10万円で生活することも困難です。そのため，今のD
さんにはこの制度は不向きです。

＊1　外場あたる（2021）『さあ，生活保護を受けましょう！――困ったら迷わず活
　　用』唯学書房，19-20頁
＊2　厚生労働省「求職者支援制度のご案内」https://www.mhlw.go.jp/stf/seisakunitsuite/
　　bunya/koyou_roudou/koyou/kyushokusha_shien/index.html

Question 2-3　生活困窮者自立支援制度とはどのような制度でしょうか？

Answer

　各自治体の社会福祉協議会や NPO 団体などが主体となって，①自立相談支援，②住居確保給付金の支給，③就労準備支援，④家計改善支援，⑤就労訓練，⑥子どもの学習・生活支援，⑦一時生活支援，という事業を提供する制度です。詳しくは厚生労働省の WEB サイト[3]をご覧ください。

　生活保護の一歩手前で，自立のためにトータル的な支援を提供するもので，求職者支援制度とともに「第 2 のセーフティーネット」と呼ばれていますが，「新しく始まった二つの制度は，生活保護のような十分な現金給付の仕組みをもっていませんし，短期のものです。ねらいも最低生活保障というより，就労自立支援，生活困窮者への相談にウエイトが置かれています」[4]との指摘もあります。

　Dさんの場合，住居確保給付金を受けたとしても，原則 3 カ月（最大で 9 カ月）の給付ですので，再就職が困難な状況では一時しのぎにすぎません。また，家賃以外の生活費が支給されるわけでもありません。そのため，今のDさんにはこの制度は不向きです。

COLUMN

2——制度の案内で気をつけること

　自戒を込めてですが，困窮している方へ助言するとき，「○○という制度がありますよ」と，制度案内に終始してしまうことがあります。たしかに，制度

＊3　厚生労働省「（生活困窮者自立支援制度）制度の紹介」https://www.mhlw.go.jp/stf/seisakunitsuite/bunya/0000073432.html

＊4　岩田正美（2021）『生活保護解体論——セーフティネットを編みなおす』岩波書店，22 頁

を知らなかったために支援が受けられなかったケースもあるため，制度を案内することは間違いではありません。しかし，制度を知っていても，社会の目を気にして利用できない心境に追い込まれている場合もあるように思います。

これについて，貧困問題を取材している杉山春氏は，「貧困は，不利で不安定な経済状態としてだけでなく，屈辱的で人々を蝕むような社会関係としても理解されなければならない」との一説[5]を引用しつつ，「お金が足りないのであれば，どのようにしてでも得られればいいという『貧困理解』では，当事者は支援につながれない。支援につなげるには，病理性と困窮に目を向けなければならない」[6]と指摘しています。

そのため，制度を案内するときには，「知らないなら教えてあげます」という態度ではなく，「（その方には）世の中はどのように見えているのか」という点にも，思いをはせる必要があります。

X年1月②

Dさんは渋谷さんへ電話をかけて，福祉事務所で申請できなかったことを伝えました。

渋谷さんは，弁護士が生活保護申請に同行してくれる制度があると聞いたことがあったので，Dさんに法テラスの無料電話相談の制度を紹介し，生活保護申請に同行してもらうように依頼してみてはどうか，とアドバイスしました。

Dさんは法テラスに電話して，無料相談を申し込んだところ，日時を指定され，「その時間帯に，担当弁護士から電話がかかってきますので，ご相談ください」と説明を受けました。

Dさんは，指定された日時に待っていたところ，「鵜飼弁護士」から電話がありました。鵜飼弁護士はDさんから事情を聴き取り，「当面働けないことを証明するために，心療内科を受診して，

＊5　ルース・リスター著／松本伊智朗監訳（2011）『貧困とはなにか——概念・言説・ポリティクス』明石書店，21頁
＊6　杉山春（2020）「取材の実体験から見えてくるもの」滝川一廣・内海新祐編『子ども虐待を考えるために知っておくべきこと』日本評論社，116-117頁

診断書を出してもらいましょう。心療内科は，最初に訪問してくれた精神保健福祉士さんに紹介してもらうとよいでしょう。診断書を持参して，再度，生活保護の申請に行ってみてください」とアドバイスしました。

　すると，Dさんは，「私ひとりで行くと……言いたいことがうまく言えなくて……」と困った様子だったので，鵜飼弁護士は，「分かりました。私が福祉事務所まで同行しますよ。弁護士費用は，気にしないで大丈夫です」と提案しました。

　Dさんは「ありがとうございます。病院代がギリギリ出せるか分かりませんが，何とか診断書をもらってきます」と答え，鵜飼弁護士の連絡先を聞いて，電話相談は終わりました。

Question 2-4 ｜ 法テラスの無料電話相談とはどのような制度でしょうか？

Answer

　法テラスはこれまで，経済的に困窮している方を対象に，主に法テラス事務所での面談による無料法律相談を実施してきましたが，新型コロナウイルス感染症拡大に伴い，電話での無料法律相談を開始しました。

　相談を希望される方は，法テラスに電話をかけて予約を取ります（残念ながら，すぐに電話で相談に乗ってもらえるわけではありません）。予約の日時になると，その日時を担当している弁護士から電話がかかってきます。この弁護士は法テラスの相談担当に登録している弁護士ですので，当日，誰に当たるか分かりません。

　相談時間は30分以内で，電話先の弁護士に正式な依頼を希望する場合は，改めてその弁護士と契約することになります。その際の弁護士費用は，法テラスを利用して支払うことが可能です（法テラスについてはQ1-1参照）。

Question 2-5 | 弁護士が生活保護の申請に同行する制度があるのでしょうか？

Answer

　いわゆる社会的弱者（子ども，精神障害者など）に関する法律援助について，日本弁護士連合会が法テラスへ委託する制度があり，その一部に，生活保護申請や福祉事務所との交渉を援助する制度があります。

　具体的には，①高齢者の方（65歳以上），②障害者の方，③ホームレスの方，④その他病気などによって自ら生活保護を申請することが困難な方について，弁護士費用（6万円程度）を援助してくれる制度です。

　Dさんの場合，障害者認定を受けているわけではありませんが，発達障害の可能性があることを伝えれば，この制度を利用できる可能性があります。

Question 2-6 | 生活保護の受給決定前に医療費が工面できない場合は，どうすればよいでしょうか？

Answer

　生活保護の受給が決まれば，医療費は「医療扶助」として支給されますので，本人が負担する必要はありません。一方，生活保護の受給決定前は医療扶助は適用されないので，どうにかして医療費を工面しなければなりません。

　そのための方法として，まず「無料低額診療」を利用することが考えられます。生活がどんどん苦しくなってくると，健康保険の保険料が払えず正規の保険証を持てなくなったり，保険証を持っていても自己負担分が支払えなくなることがあります。そこで，社会福祉法では，「生計困難者のために，無料又は低額な料金で診療を行う事業」を社会福祉事業と位置づけ（社会福祉法2条3項9号），それを実施する法人は税制上優遇措置を受けることができます。

　具体的には，インターネットで「無料低額診療」と検索すると，「全日本民医連」など，無料低額診療を実施している医療機関が紹介されていま

すので，そこに記載されている電話番号に電話をかけて問い合わせるとよいでしょう。ただし，医療機関によっては，継続的な診療が必要な場合や，診断書発行など，保険適用外の場合は利用できないこともありますので，詳しくは医療機関に問い合わせてください。

　ほかには，「生活福祉資金貸付」という制度によって，緊急的な生活資金の貸付けを受けることができます。ただし，この貸付け制度を利用するためには，「生活困窮者自立支援制度」という制度（詳しくはQ2-3）の，「自立相談支援事業」を利用していることが条件となっています。また，自己破産を予定していたり，就労して返済できる見通しが立たない場合は，審査に通らない可能性があります。

　なお，生活保護の受給申請中であれば，「たとえば健康保険証のある人は窓口負担分をいったん支払い，生活保護申請が通ったのちに返金される形としたり，保険証がなく手持ちの現金も不足している場合は福祉事務所が貸付を行う場合等があります」[7]との指摘もありますが，これは確立した運用ではないため，すべての診療機関や福祉事務所がそのように対応してくれるわけではありません。

> **X年2月①**
> 　　Dさんは，渋谷さんから紹介された心療内科を受診しました。渋谷さんはDさんの承諾を得て，事前に病院側へ事情を伝えていたため，稼働能力の観点からも診察されました。
> 　　Dさんはいくつかの心理検査を受けて，「発達障害（ADHD），抑うつ状態，睡眠障害」との診断名で，「現状では稼働困難なため，服薬治療等によって心身状態が安定した後，就労支援を受けることが望ましい」とのコメントを付けて，診断書を作成してもらいました。診察費用は，手元にあるお金から何とか出すことができました。また，Dさんは，病院に所属する医療ソーシャルワーカーの勧めで，「自立支援医療」と「精神障害者保険福祉手

* 7　https://biz.trans-suite.jp/51610

帳」を申請することにしました。

　Ｄさんは鵜飼弁護士に電話をかけて，無事に診断書をもらえた
ことを報告しました。報告を受けた鵜飼弁護士は，稼働能力や親
族の扶養可能性に関する意見書を作成しました。

　翌日，Ｄさんと鵜飼弁護士は，診断書，意見書，預金通帳，ア
パートの賃貸借契約書，健康保険証，年金手帳などを持参して，
福祉事務所を訪問しました。前回とは異なりＤさんは無事に生活
保護を申請することができ，鵜飼弁護士が見守るなかで，１時間
ほどかけて必要事項を記入したり，書類を提出したりしました。

Question 2-7　生活保護を申請するとどのような調査が始まるのでしょうか？

Answer

保護の可否を判断するために，次のような調査が行われます。

◆生活状況等を把握するための実地調査（家庭訪問等）

◆預貯金，保険，不動産等の資産調査

◆扶養義務者による扶養（仕送り等の援助）の可否の調査

◆年金等の社会保障給付，就労収入等の調査

◆就労の可能性の調査

以下，いくつか補足説明します。

１．調査に要する日数

　福祉事務所は保護の決定を，申請後14日以内に行うことが原則ですが，
30日まで延長することができるとされているため（生活保護法24条５項），
実際は３週間程度かかるようです。なお，決定まで時間がかかっても，生
活保護費は申請日に遡って支給されますので，損をすることはありませ
ん。

２．資産調査

　「最低生活費」という基準があり，収入が基準以下であれば生活保護を
受給できます。アルバイトなど少し収入があれば，最低生活費に足りない

差額が支給されます。

　最低生活費は，地域，年齢，家族数などによって変わります。たとえば，Dさんの場合（東京，20代，1 人）は約13万円となります。一番大きな要素は住宅費用で，東京だと 5 万3,700円ですが，北海道だと 2 万9,000円となります。

　また，資産（預貯金，現金，生命保険解約返戻金等）がある場合は，生活保護を申請しても，最低生活費の半分まで持つことができます。逆に言えば，多少の資産がある場合，生活保護を申請するためには，それが最低生活費の半分に減るまで待たなければなりません。

　持ち家は，豪邸でない限り，持ち続けることができます（生活保護費でローンを払って資産を形成することはできない，という考えです）。自動車やバイクは，例外的事情（仕事で必要，障害があるので必要など）がない限り，処分することを求められます。

3．扶養照会

　福祉事務所は，民法877条 1 項で「直系血族及び兄弟姉妹は，互いに扶養をする義務がある」と定められていることを根拠に，親族に対して照会書を送ります。

　一方，前述の外場氏によると，「少なくとも都市部では，『金銭的援助や養育費を払うことができる』との回答は千に一つもありません」「親族に照会したために，親族に保護を受けていることが知られ，親族間の交流が途絶えてしまうこともあります」[8]と指摘されています。

　このように，扶養照会には批判や疑問も多いことから，厚生労働省は令和 3 年 2 月26日付で，全国自治体の生活保護担当課宛に，「扶養義務履行が期待できない者の判断基準の留意点等について」との通知[9]を発しています。

　それによると，①高齢者，専業主婦，病気や介護で扶養が期待できない

＊ 8　外場あたる（2021）『さあ，生活保護を受けましょう！――困ったら迷わず活用』唯学書房，108-109頁

＊ 9　https://www.mhlw.go.jp/content/000746078.pdf

場合，②10年以上音信不通，相続をめぐって対立しているなど明らかに扶
養が期待できない場合，③DVや虐待など受けたため扶養照会が不適切な
場合には，扶養照会をしなくてもよいとしています。

4．住所や戸籍

「住民票を置いてある自治体でないと，生活保護は申請できない」と言
われることがありますが，住民票を置いている自治体でなくても，現在生
活している自治体で，生活保護を受けることができます。また，アパート
など定住場所がなくても，生活保護を受けることができます（居候の人，
施設や病院に入っている人，いわゆるホームレスの人）。

なお，外国籍であっても，永住者，定住者などの在留資格を有する場
合，特別永住者，難民認定を受けた場合も，生活保護を受けることができ
ます。

X年2月②

後日，福祉事務所の担当者はDさん宅を訪問し，補足で事情を
聴き取りました。担当者は事前に，鵜飼弁護士から「親族に扶養
を期待できない」との意見書を受け取っていたので，親族に対す
る扶養照会しないと決めました。

そして，申請から20日後，無事に生活保護受給の決定が出まし
た。

Question 2-8 生活保護ではどのような項目でいくら支給されるので
しょうか？

Answer

生活保護は，個人単位で受けるのではなく，世帯単位で受けることにな
ります（受けられるかどうかの判断も，世帯単位です）。

生活保護費は，基本的な生活費（生活扶助）と家賃（住宅扶助）が中心
ですが，世帯員の状況によって，教育扶助，医療扶助，介護扶助，出産扶
助，葬祭扶助，生業扶助が加算されます。

　都内に住むDさんの場合は，前述のとおり，住宅扶助5万3,700円，生活扶助約7万8,000円の，合計約13万円となります（もし成人2人暮らしであれば，合計約19万円となります）。

　また，病院代（医療扶助）は，Dさんにお金が支給されるのではなく，福祉事務所から病院へ直接支払われます。なお，生活保護受給中は，国民年金保険料は支払い免除となり，国民健康保険は被保険者から除外されるので，保険料を支払う必要はありません。

Question 2-9　生活保護を受給した後どのような日常生活になるのでしょうか？

Answer

　特に日常生活が制限されるわけではなく，起床も，外出も，買い物も，自由に過ごすことができます。ただ，年に数回，福祉事務所の担当者（ケースワーカー）が家庭訪問することには，応じなければなりません。

　また，生活保護受給中は，病気など事情がある場合を除き，求職活動をする義務があります（定期的に「求職活動報告書」を提出しなければなりません）。自分でハローワークに行ったり，就職サイトに登録して探すことはもちろんできますし，就労支援制度を活用することもできます。

　一方，病気で働けない人は，療養に専念する義務があります。たとえば，アルコール依存症の人は，専門機関の治療を受けたり，自助会に参加して，療養に専念することが求められます。

　なお，収入があった場合，すべて報告しなければなりません。アルバイト収入はもちろんですが，知人からの援助，運よく当たった懸賞金も，報告しなければなりません（報告しないと「不正受給」となり，悪質な場合は刑法の詐欺罪として罰せられます）。

X年3月①

　　生活保護の申請がひと段落したので，鵜飼弁護士とDさんは，借金の整理についてどうするか検討することにしました。鵜飼弁

護士はDさんに，「借金が整理する方法として，大きく二つの方針があります。一つ目は，業者と交渉して，利息などを免除してもらったり，返済スケジュールを見直してもらったりしながら，頑張って返すという方針です。もう一つは，返さないで，自己破産するという方針です」と，大まかな方針を説明しました。

するとDさんは，「借りたものは返さないとマズいですよね……。なるべくなら自己破産したくないです。自己破産すると，名前公表されるんですよね？」と尋ねました。

Question 2-10　自己破産とはざっくり言うとどういう制度でしょうか？

Answer

自己破産は，お金が返せない状態になったとき，裁判所に申し立ててお金を返さなくてもよいというお墨付きをもらい，再出発する制度です。

自己破産しても身ぐるみはがされるわけではなく，家財を売却する必要はありませんし，手元に最大で99万円まで現金を残すことができますし，働いているのであれば，給料はそのまま自由に使うことができます。

Question 2-11　自己破産にはどのような懸念点があるのでしょうか？

Answer

自己破産になっても，巷で言われるほど不利益はありませんが，いくつか注意点があります。

1．いわゆるブラックリスト

自己破産などの債務整理制度を利用した人は，経済的な信用力が低下し，信用情報機関のいわゆる「ブラックリスト」に5〜10年間登録されます。その期間はクレジットカードが発行されず，ローンを組むこともできなくなります。ちなみに，自分がブラックリストに登録されているかどうかは，各信用情報機関に対して情報開示請求すると教えてもらえます。

2．官報への掲載

　裁判所へ自己破産を申し立てて，裁判所が破産開始決定（詳しくはQ 2-19）をすると，『官報』という政府が発行する紙面に，住所氏名が掲載されます。また，破産手続きが終了した段階（免責許可決定が出た段階）でも，同様に官報に住所氏名が掲載されます。

　官報は公の広報物であるため，紙面でも，WEB サイト上の PDF でも，入手することができます。WEB サイト上では発行されてから30日間に限り，無料で閲覧可能です[*10]。

　一般の人はわざわざ官報を毎日チェックすることはないので，自己破産したことが，家族，友人，勤務先の同僚などに知られることは考えにくいです。ただし，違法な闇金業者などは，官報を調べて，自己破産した人に対して，「通常の金融機関はお金貸しませんが，うちならお金貸しますよ」と勧誘してくることがあります。また，最近，何者かが「破産者マップ」という Google マップを作成し，問題となった事件もありました[*11]。

3．資格制限

　一定の職種（警備員，生命保険募集人，宅地建物取引士など）は，破産手続きの最中は資格を失ってしまいますので，勤務先に事前に相談する必要があります（破産手続きが終われば資格は復活します）。たとえば，破産手続きの最中は資格を使わなくても済む部署に配置転換してもらうことや，いったん退職となっても，破産手続きが完了した後に再雇用してもらうようお願いすることが考えられます（ただし，勤務先に理解が得られない場合は難しいでしょう）。

　一方，一般の会社員や公務員はそのまま勤めることができますので，あえて自己破産することを勤務先に告げる必要はありません。

4．財産を処分しなければならない

　Dさんのケースではあまり気にする必要はありませんが，住宅や自動車

＊10　国立印刷局「インターネット官報」https://kanpou.npb.go.jp/guidance.html
＊11　朝日新聞デジタル2021年9月24日　https://www.asahi.com/articles/ASP9S56H-WP9RUTIL00Y.html

を所有している場合は注意が必要です。自己破産した場合，住宅や自動車などの換金できる財産はほぼすべて処分され，債権者へ配当されます。本人の手元に残る金銭は最大99万円の現金のみであるため，生活環境が大きく変わることになります。

５．懸念点のまとめ

　以上のように，自己破産すると，クレジットカードがしばらく作れない，官報に掲載されてしまうという気持ち悪さ，一定の職業に一定期間就けないなどの懸念点がありますが，自己破産せず無理して返済し続ける苦労や困難と天秤にかけて考えてみると，やはり自己破産したほうが無難でしょう。

Question 2-12 | 自己破産以外に借金を整理する方法はあるのでしょうか？

Answer

　生活を立て直すための借金の整理方法として，自己破産のほかに，債務整理，個人再生，という手続きがあります。

１．債務整理

　債務整理とは，弁護士や司法書士が代理人として業者と交渉して，借金総額の減額や，返済スケジュールの引き直し（リスケジュール）をすることです。

　ただし，あくまで任意の交渉ですので，無理な提案をしても相手（特に業者）は応じません。業者は，利息のカットや減額には応じることがありますが，元金の減額にはほとんど応じませんし，リスケジュールにも３〜５年間程度しか応じません。そのため，現実的な債務整理計画が組めない場合，やはり自己破産を検討することになります。

２．個人再生

　個人再生とは，給料などの定期収入がある場合，借金の総額を５分の１程度に圧縮減額して，３〜５年間程度の分割で返済する，という裁判所の手続きです。ただ，個人再生であっても，ブラックリストや官報に載って

しまうので，一般的にはあまりメリットは感じられせん。

　メリットがあるのは，住宅ローンがある場合です。自己破産すると住宅を売却しなければなりませんが，個人再生では住宅ローンだけ返済を続けて，その他の借金だけ圧縮減額することができる，という特徴があります。

X年3月②

　　鵜飼弁護士の説明を受けたDさんは，「官報に載るのは嫌ですけど，仕方ないですね。自己破産でお願いします」「だけど，弁護士費用はどうしたらよいですか？　自己破産する人ってお金はないはずなのに，皆さん弁護士費用はどうしているのですか？」と尋ねました。

　　鵜飼弁護士は，「法テラスを使えば，少なくも生活保護を受けている間は，弁護士費用の心配をしなくて大丈夫ですよ」と答えました。

Question 2-13　自己破産の場合，弁護士費用はどれくらいかかるのでしょうか？どのように工面したらよいのでしょうか？

Answer

　自己破産する場合の費用工面は，大きく三つのパターンが考えられます。

1．法テラスを使わない場合

　一定の収入があって法テラスの審査基準を満たさない場合，弁護士と通常の契約をすることになります。自己破産を依頼する場合の弁護士費用は，弁護士によって多少違いますが，多くのケースではかつて日本弁護士連合会が定めていた基準に従っており，着手金20万円（税別），成功報酬20万円（税別）となっています。実費（裁判所へ納める印紙や切手など）を含めると，合計48万円程度となります。これに加えて，後記の「管財人費用（20万円）」が必要となる場合があります。

　これを読んだ方は，「お金がなくて自己破産する人が，どうやってこんなお金を用意するの？」と思ったことでしょう。もちろん，一括で用意することは無理だと弁護士側も理解していますので，これまで借金の返済に回していたお金を積み立てて，弁護士費用や管財人費用に回してもらうことになります。たとえば，これまで毎月6万円を返済に回していた場合，（少し生活に余裕をみてもらうため）毎月4万円程度を積み立ててもらう，などです。

2．法テラスを使う場合（生活保護を受給していない場合）

　法テラスの審査基準を満たしている場合，法テラスが弁護士費用を立て替えてくれます。その費用は，弁護士報酬13万2,000円，実費約3万5,000円です。注意点としては，あくまで立て替えなので，毎月5,000円ずつ返済しなければならないことと*12，管財人費用（20万円）は立て替えてくれないので，自分で工面しなければならないことです。

3．法テラスを使う場合（生活保護を受給している場合）

　生活保護を受給している場合，法テラスが弁護士費用だけではく，管財人費用も立て替えてくれます。また，毎月5,000円ずつの返済も猶予されます。あくまで猶予なので，体調が回復して働けるようになったら返済することになりますが，事件処理終了時（自己破産完了時）にも引き続き生活保護を受給している場合，申請すれば返済が免除されます。

X年3月③

　　　次に，鵜飼弁護士は，Dさんから債権者（お金を請求してきている人）を聴き取りました。Dさんは，カード会社から送られていたハガキと，奨学金の運営団体から送られてきた書類を見せました。
　　　鵜飼弁護士はDさんに奨学金の連帯保証人をどうしたか尋ねたところ，よく覚えていないとのことでした。そのため，鵜飼弁護

---

*12　ただし，収入が減少したなど特別の事情がある場合，申請すれば返済が免除される場合があります。

士は奨学金の運営団体に対して，連帯保証人が分かる契約書類を提供してほしいと依頼しました。すると，契約書類が届き，連帯保証人の欄には，Dさんの父親が署名押印していました。

鵜飼弁護士はDさんに電話をかけて，父親が連帯保証人になっていることを告げました。すると，Dさんは「え！　そうだったのですか……。もし私が自己破産すると，父親はどうなるのですか？　父親には迷惑かけたくないので，どうにかなりませんか⁈」と，戸惑っているようでした。

Question 2-14　自己破産するとき連帯保証人に迷惑をかけないで済む方法はあるのでしょうか？

Answer

残念ながら，そのような方法はありません。親族や友人に連帯保証人になってもらった場合，本人が自己破産すると，連帯保証人が債務を負うことになります（厳密には，本人が自己破産しないとしても，払えない場合は，やはり連帯保証人が債務を負うことになります）。

連帯保証人が返済できない場合，やむを得ず，連帯保証人も自己破産することになります。そのため，親族などに迷惑をかけたくない気持ちが強い場合，最初から機関保証（保証会社にお金を払って連帯保証人になってもらう制度）を利用することになります。

Ｘ年3月④

鵜飼弁護士は，今のDさんの状況では自己破産以外に手段がないこと，お父さんには事情を話して，法テラスに電話して，お父さんも自己破産を検討してもらうことを提案しました。Dさんはしばらく悩んだ後，「分かりました……父親に連絡してみます……」と答えました。

続いて鵜飼弁護士は，Dさんに「カード会社以外に，親族の方やお友達から，お金を借りていることはありませんか？」と尋ね

ました。Dさんは,「友達から5万円借りたことがありますが……それも言わないとダメなのですか?」と,少し驚いていました。

Question 2-15 カード会社からの借金と親族や友人からの借金に違いはあるのでしょうか?

Answer

親族や友人からも借り入れをしている場合,迷惑をかけたくない(この人だけには返済したい)と思うことがあります。しかし,自己破産では,一部の債権者だけ除外することはできないのです。

自己破産は「借金をチャラにする=債権者に泣いてもらう」という制度ですので,そのかわりとして,「すべての債権者を平等に扱う」という厳格な公平さが求められるのです。

X年3月⑤

次に鵜飼弁護士は,Dさんに対して「スマホの料金はどうしていますか?」と尋ねました。Dさんは,「銀行引き落としで払っていましたが,今のままでは残高不足で引き落としができなかもしれません。だけど先生,どうせ自己破産するんだから,そのまま払わないでおいて,自己破産してから新しいスマホを買えばいいんじゃないですか?」と答えました。

Question 2-16 スマートフォンの料金を払わないとどうなるのですか?

Answer

現代社会では,スマートフォンは必需品であるといっても過言ではないでしょう。スマートフォンを持てないと(ガラケーでもかまわないのですが),仕事を探すときも,アパートを借りるときも困ります。そのため,スマートフォン(携帯電話)については,慎重な対応が必要です。

1．解　除

料金を期限までに払わないと督促状が届き，それでも払わないと利用停止となり，最終的に強制解除となります。

2．未払い料金の破産手続きでの扱い

スマートフォンは，民間の通信事業者が運営しているサービスですから，毎月の利用料金について未払いがあれば，破産手続きのなかで処理することになります。

また，毎月の利用料金はきちんと払っているけれども，スマートフォン本体の分割払いが残っている場合があります。その場合，自己破産すると，スマートフォン本体の分割払いの残りも，他の借金と同じく処理されることになります。

破産すれば未払い料金を払わなくて済むこと自体は良いのですが，次に述べるとおり，新規契約ができなくなってしまいます。

3．新規契約の難しさ

通信事業者は，携帯料金未払者のリストを共有していると言われています。そのため，未払い料金があるままだと，新たにスマートフォンを契約することができません。

一方，自己破産して免責許可（Q2-24参照）を得ると，法律上は未払い料金を払う義務はなくなるのですが，通信事業者は，未払い料金を完済しない限り，新規の契約を拒否することがあります。

その場合，自己破産後に，お金に多少の余裕があればよいのですが，生活保護を受給していて余裕がない場合は，未払い料金を完済できないため，新たにスマートフォンを契約することができません。

4．対　策

新たに契約することが困難であるからといって，他にも債権者がいるにもかかわらず優先して未払い料金を払うことは，債権者平等の原則に反することになるので，自己破産の手続き上，許されません。そのため，未払い料金があってもスマートフォンを持ち続けたい場合，本人ではなく，親族など第三者に払ってもらうことを検討することになります。

　また，大手の通信事業者が運営するスマートフォンではなく，審査不要の格安 SIM や，事前料金払い制（プリペイド式）の携帯電話を利用することが考えられます。

X 年 3 月⑥

　　鵜飼弁護士の説明を聞いたＤさんは，「分かりました。何とか節約して，スマホの料金だけは払っておきます」と答えました。鵜飼弁護士は，次の打ち合わせの際に，通帳を持ってきてくださいとお願いしました。

X 年 4 月

　　鵜飼弁護士はＤさんの通帳を確認していたところ，1 年前に50万円を引き出していることに気づきました。これについてＤさんに尋ねたところ，「実は，SNS で知り合った女性に騙されて，50万円渡してしまったのです……」とのことでした。
　　詳しく事情を尋ねたところ，最初は SNS 上で他愛ないおしゃべりをしていた，そのうち「お茶を飲まないか」と誘われ実際に会ってみた，そのとき「絶対に儲かる」と言われ50万円を投資しないかと誘われたが断った，後日 SNS で「信用してほしい」と言われ，住所氏名を教えてもらった，信用して50万円を渡したら連絡がつかなくなった，とのことでした。

Question 2-17 | このような金銭トラブルが破産手続きに影響することはありますか？

Answer

　このような金銭トラブルに巻き込まれた場合，破産手続きに時間がかかることがあります。
　破産手続きの際には，すべての財産を裁判所へ申告しなければなりません。法律的には，Ｄさんはその女性に対して，「50万円を返してもらう権利」という財産（債権）を持っていることになります。ただ，このような

債権は，現金など存在価値が明らかな財産と異なり，現実的に価値があるかどうか（取り戻せるかどうか）大きな疑問があります。

　そのため，債権の回収可能性を明らかにするため，破産手続きを申し立てる前に，鵜飼弁護士ができる限りの調査を尽くしてみるか，破産手続き申し立て後に，破産管財人（Q2-20参照）ができる限りの調査を尽くすことになります。いずれにしても調査には時間がかかりますので，その分，破産手続きが遅れて，本人の再出発も遅れる，ということになります。

　ちなみに，「どうせ回収できる見込みは乏しいから，調査するだけ無駄」と思うかもしれませんが，債権者（Dさんにお金を貸している人）の立場からすれば，「安易にDさんの話を鵜呑みにされては困る。女性に騙されたのは架空の作り話で，本当は50万円を隠し持っているかもしれない」と考えるのはもっともでしょうから，無駄だと分かっていてもできる限りの調査をする必要があります。

X年5月①

　鵜飼弁護士が調査したところ，その女性のアカウントはすでに削除されており，教えられた住所も架空のもので，女性の正体をつかむことは困難であることが分かりました。

COLUMN

3──知らない人にお金を渡す?!

　読者の皆さんは，「正体がよく分からない相手に多額のお金を渡すなんて，あり得ない！」と思ったかもしれません。しかし，若い人のなかには，SNSで知り合った人を信用することに対して，抵抗が少ない人もいるようです。

　これについて，経営学者の斉藤徹氏は，「ソーシャルネイティブ，Z世代を考える」[13]の中で，「(アンケートの結果）直接会ったことない人とのSNSでやり取りするのは，Z世代34%に対してY世代17%」[14]と指摘しています。

　ただし，私の経験では，Z世代だけでなく，X世代であっても正体がよく分からない相手（異性）にお金を渡してしまうことは，珍しくありません。特に，「結婚しよう」という話に釣られてしまうことが多いように感じています。いわゆる「国際ロマンス詐欺」は，50代，60代の人であっても騙されてしまっています。

　このように，異性に騙されてお金を渡してしまうというのは，年代層にかかわらず，人間の性なのかもしれません。

X年5月②

　　　Dさんのもとに，アパートの管理会社から，内容証明郵便（Q1-8参照）が届きました。

　　　中を開けてみると，「何度も督促いたしましたが，貴殿は，X年1月分から5月分まで家賃を滞納しております。そのため，賃貸借契約書第〇条にしたがい，本賃貸借契約を解除しますので，直ちに原状回復して明け渡してください。また，滞納分の家賃も直ちにお支払いください」と書かれていました。

　　　Dさんは驚いて鵜飼弁護士の事務所へ電話を掛けました。

Question 2-18

賃貸借契約書に「1カ月でも家賃を滞納した場合は直ちに契約解除できる」と書いてあった場合，それに従わなければならないのでしょうか？

Answer

　賃貸借契約では，「賃借人が各契約条項に違反した場合，賃貸人は賃貸借契約を解除できる」と定められていることがあります。そうすると，家

＊13　斉藤徹（2020）「ソーシャルネイティブ，Z世代を考える」『Omni-management 特集 Z世代の影響力』29巻8号，2-7頁

＊14　X世代は1965～1979年生まれ，Y世代1980～1994年生まれ，Z世代は1995年以降生まれと言われています。

賃を期限内に支払うことも契約条項ですから，1日でも家賃を滞納した場合は契約条項に違反していることになり，契約書どおりであれば，貸主（大家）は契約解除できることになります。

　しかし，賃貸借契約は，生活の基盤である「住む場所」を確保するための契約ですから，容易に解除されてしまうと，借主の生活が脅かされてしまいます。そこで，裁判実務では，賃貸借契約の解除が有効となるためには，契約違反の程度が「貸主と借主との間の信頼関係が破壊された」と評価されるほどの重大な場合に限定されます。そのため，軽微な契約違反であれば，たとえ貸主が契約解除を通告しても，法律的には無効となります。

　問題は，どの程度であれば「信頼関係が破壊された＝解除が有効」となるかですが，家賃滞納の場合は，3カ月程度滞納すると「信頼関係が破壊された＝解除が有効」とされています。なお，ペット禁止条項の場合は，鳴き声が小さいインコを飼ったとしても，「信頼関係が破壊された＝解除が有効」とはならないでしょう。

　このように，契約書の記載どおりの解除がすべて有効となるわけではありませんので，賃貸人（家主）から解除通知をされた場合，落ち着いて弁護士へ相談してください。

　ちなみに，新型コロナウイルス感染症の拡大によって，収入が減少あるいは途絶えて，家賃が払えなくなるケースが増えています。これについて法務省は，「新型コロナウイルス感染症の影響を受けた賃貸借契約の当事者の皆さまへ」と題して「最終的には事案ごとの判断となりますが，新型コロナウイルス感染症の影響により3か月程度の賃料不払が生じても，不払の前後の状況等を踏まえ，信頼関係は破壊されていないと判断され，オーナーによる契約解除（立ち退き請求）が認められないケースも多いと考えられます」[*15]と見解を発表しています。

＊15　法務省「賃貸借契約に関する民事上のルール」https://www.moj.go.jp/content/001320302.pdf

X年5月③

　鵜飼弁護士は，「契約書で1カ月でも家賃滞納したら契約解除できると書いてあっても，そのまま適用されるわけでもありません。ただ，Dさんの場合，今のアパートは家賃が高いので，ケースワーカーさんと相談して，いずれ引っ越しをしなければなりません。そのため，契約解除を争ってもあまり意味がないので，大家さんには申し訳ないけれども，家賃滞納分や原状回復費用は，敷金で足りない分は破産して処理することにしたいと思いますがどうでしょうか？」と見解を示しました。

　Dさんは，「仕方ないですよね……」と答え，届いた書類（内容証明郵便）のコピーを鵜飼弁護士へ送って，後の対応を任せることにしました。

X年6月

　Dさんはケースワーカーと相談して，住宅扶助（5万3,700円）以内のアパート引っ越すことになりました。引っ越し費用や，新しいアパート契約の初期費用（敷金，礼金など）は，一時扶助として支給されることになりました。

　引っ越しが完了した後，鵜飼弁護士は，アパート管理会社を通じて，家主に対して受任通知を送りました。するとアパート管理会社を通じて，「家賃滞納分30万円，遅延損害金2万円，室内全面クリーニングが必要なので現状回復費用として50万円を請求します」との通知が届きました。

X年9月①

　鵜飼弁護士は事務員と協力しながら，債権者から届いた「債権調査票」を整理したり，Dさんの通帳内容を整理したりして，破産申立ての書類を少しずつ作成しました。Dさんに対しても，2カ月分の家計簿（支出の収入の一覧表）を作成するよう依頼しました。

　書類が整ったので，鵜飼弁護士は，東京地方裁判所に対して自己破産の申立てを行いました（書類を郵送しました）。

　3日後，鵜飼弁護士は東京地方裁判所に赴き，裁判官と面接することになりました。面接では，Dさんのお金の使い方（FXで50万円損をしたり，正体不明の女性に50万円渡したり）や，ギャンブル傾向について質疑応答がされました。

　その結果，裁判官は「破産開始決定」を出して，「管財事件」としてDさんのお金の使い方について，さらに調査することになりました。

Question 2-19　破産開始決定とはどのような制度でしょうか？

Answer

　自己破産を申し立てると，裁判官は資産・経済状態を詳細に調査し，「今の状態で借金を返済することは不可能（＝支払不能）」と判断した場合，「破産手続きを開始します」という決定（俗にいう「破産宣告」）をします。勘違いされることもあるのですが，「破産開始決定（破産宣告）」となっただけでは，借金は免除されません。借金の免除がゴールだとすると，あくまでスタート地点に立っただけです（ゴールは後述の「免責許可」です）。

　破産開始決定が出ると早い者勝ちの取り立てができなくなるので，取り立てに追われていた場合は，一息つくことができます。

　その後の手続きは，金銭に換えることができる財産があるか否か，借金の原因に問題点がないかなどによって，「管財事件」「同時廃止」という二つのルートに分かれます。

Question 2-20　管財事件とはどのような制度でしょうか？

Answer

　売却して金銭に換えることができる高額の財産があったり，ギャンブル傾向があって借金の原因に問題がありそうな場合，裁判所が弁護士を「破

産管財人」として選任して，手続きや調査を命じます（裁判所の下請け人のようなイメージです）。これを「管財事件」と言います。

　管財事件となっても，日常生活が厳しく管理されたり，説教されたりするわけではなく，給料や生活費は普段どおりに使って生活できます。ただし，いくつかの制限事項があります。

◆ある程度価値がある財産は，売却して配当に回すために破産管財人が管理することになります（通常の家電や家具は，この場合の「価値がある財産」には該当しません）。

◆破産管財人から求められたときは，事情説明や資料提供に応じなければなりません（自己破産申立てを依頼した弁護士が同行しますので，それほど怖がる必要はありません）。

◆裁判所の許可なく，旅行や引っ越しをすることができなくなります（何かあれば，いつでも調査に応じられるようにするためです）。

◆すべての郵便物はまず破産管財人に届いて開封され，後日，破産管財人から本人へ送られてくることになります（財産状況を調査するためです）。

　以上のように，いくつかの制限がありますが，それほど恐れる必要はありません。

Question 2-21 ┃ 同時廃止とはどのような制度でしょうか？

Answer

　特に疑問が生じるようなお金の使い方もなく，比較的シンプルな事案で配当に回す財産も見込めない場合は，わざわざ「管財事件」として破産管財人を選任しても，調査すべきことはほとんどありません。そのような場合，破産開始決定と同時に，破産手続きが廃止されることになります（「同時廃止」と言います）。

　同時廃止のメリットは，管財事件で述べた制限事項がないこと，短期間で破産手続き全体が終了すること，管財人費用（20万円）を出さなくても

済むことです。特に，生活保護を受けていない場合，管財人費用（20万円）を節約できる点は大きなメリットです（生活保護を受けている場合，法テラスが管財人費用も出してくれますが，生活保護を受けていない場合，法テラスは管財人費用を出してくれません）。

X年9月②

　鵜飼弁護士は法テラスに連絡して，管財人費用（20万円）を追加で支出してもらうよう依頼しました。また，破産管財人に連絡して，3日後に，Dさんを伴って破産管財人の法律事務所を訪問することになりました。

　3日後，鵜飼弁護士はDさんと一緒に，都心にある破産管財人の法律事務所を訪れました。Dさんが緊張して待っていると，破産管財人（弁護士）と事務員が現れました。破産管財人はDさんに対して，FXを始めようと思った経緯や，どのような取引をしたか尋ねました。また，SNSで知り合ったという女性との送受信記録について尋ねました。Dさんは，はじめはうまく答えることができませんでしたが，鵜飼弁護士にフォローしてもらいながら，事情を説明しました。

　破産管財人と鵜飼弁護士は，Dさんのお金の使い方にはやはり問題があり，今後も同じことを繰り返すかもしれないので何か対策をとれないか議論しました。鵜飼弁護士は，Dさんのお金の使い方は発達障害に起因しているかもしれないので，主治医に相談して意見書を作ってもらうと提案しました。

　後日，鵜飼弁護士は，主治医宛てに意見書を書いてくれるよう依頼する手紙を作成し，Dさんに渡しました。Dさんはその手紙を持って病院を訪れ，主治医に手紙を渡して意見書を依頼しました。

Question 2-22 意見書の作成はどのように依頼するのでしょうか？

Answer

　意見書とは，診断書のように診断名だけでなく，ある事項について医師が医学的見地から意見を詳しく記した文書です。たとえば，「働くことができるか」という事項について詳しく記したり，「うつ病になった原因は何か」という事項について詳しく記されたりします。

　ところで，いきなり「意見書を書いてください」と頼んでも，医師は多忙なのである程度の「お膳立て」をしないと，わざわざ意見書を書いてはくれません。そのため弁護士は，意見書を依頼する趣旨を説明した文書を添えて，「質疑応答形式の照会状」を作成することがあります。

　Dさんの場合，たとえば，「ADHD の影響によってギャンブルに依存してしまうことは，医学的に説明可能でしょうか？」「ADHD の服薬治療によって，ギャンブル依存を軽減することは可能でしょうか？」などの質問を出して，主治医に回答してもらうことになります。

　ちなみに，注意欠如多動症（ADHD）の人は，①刺激に敏感で，新しい物好きで，新製品の予約販売などが始まると真っ先に飛びつくタイプである[16]，②ギャンブル依存症と ADHD は密接に関わっている[17]，との指摘があります。また，自閉スペクトラム症・アスペルガー症候群（ASD）の人は，買い物に行くと店員に勧められるままに買ってしまう[18]，と指摘されています。

　このように，発達障害の人は，買い物依存症やギャンブル依存症に陥ってしまい，その結果，自己破産に至ることがあります。

---

[16]　中山和彦・小野和哉（2010）『図解よくわかる大人の発達障害——発達障害を考える・心をつなぐ』ナツメ社，74頁

[17]　常岡俊昭（2019）「ギャンブル障害と ADHD との関係」『こころの科学』205号，59-62頁

[18]　梅永雄二監修，主婦の友社編（2018）『よくわかる大人のアスペルガー——自分勝手，わがまま……と思われがちな人たち。：もしかしたら，アスペルガー？』主婦の友社，27頁

X 年10月

　　鵜飼弁護士は，破産管財人から指示された事務作業（FX の履歴を印刷して提出すること，主治医意見書を提出することなど）を行いました。

　　Dさんは服薬の効果によって衝動性も少し改善し，睡眠リズムも改善してきたので，ケースワーカーと相談して，就労支援を受けることにしました。

X 年12月①

　　Dさんと鵜飼弁護士は，債権者集会と免責審尋に参加するため，東京地方裁判所に出廷しました。

Question 2-23　債権者集会とはどのような手続きでしょうか？

Answer

　破産手続きにおいて，債権者（自己破産する人に対してお金を請求する権利を持っていた人）が一切関与できないのは不当なので，破産管財人の調査がまとまった段階で，その結果を報告し，債権者から意見を聞く手続きが，「債権者集会」です。

　ただし，カード会社など，多数の顧客相手に商売をしている債権者は，わざわざ債権者集会に顔を出すことはほとんどありません（意見を述べても結論が変わることは稀なので，時間を無駄にしないためでしょう）。個人の債権者が顔を出して意見（文句）を述べてきたとしても，法律に則った手続きですので，それに従っていれば大丈夫です。

　なお，新型コロナウイルス感染症拡大に伴い，特に問題なければ，本人（自己破産を申し立てた人）と代理人（弁護士）は，債権者集会や後述の免責審尋に出席しない，という運用も見られます。

Question 2-24　免責審尋とは何でしょうか？

Answer

　自己破産の申立てをして破産開始決定が出ただけでは，借金はなくなりません。自己破産の最大の目的は，借金を返さなくてよいという，公的なお墨付きをもらうことです（「免責許可」と言います）。

1．免責審尋

　この免責許可を出すかどうかを調査するため，裁判官が本人と面接する手続きがあり，これを「免責審尋」と言います。各地の裁判所の運用（いわゆる地方ルール）によって，必ず免責審尋を行う場合と，特に問題なければ省略される場合があります。

　免責審尋で何を聞かれるかも，各地の裁判所の運用や裁判官の個性によって変わりますが，淡々と事務的な確認をするだけのこともあれば，生活の乱れなどについてお説教をされる場合もあります[*19]。

2．免責不許可事由

　安易に免責許可が得られるとすると，社会のモラルが崩壊してしまいます。そこで，法律（破産法）は，「浪費又は賭博その他の射幸行為をしたことによって著しく財産を減少させ，又は過大な債務を負担した」という事由がある場合には，免責許可を出さないと規定しています（破産法252条1項4号）。なぜなら，自己破産は，「借金をチャラにする＝債権者に泣いてもらう」制度ですから，漫然と浪費や賭博（ギャンブル）を繰り返して借金を作った場合にも免責を許すことは，不公平・不正義だからです。

3．裁量免責

　一方，買い物依存症やギャンブル依存症は，「依存症」と付くとおり，

[*19]　筆者の経験で，自己破産を申し立てた依頼者が喫煙者だったとき，裁判官から「本数を減らしなさい」と指導（説教？）されたことがあります。喫煙は破産手続きとは関係ありませんし，元たばこ会社従業員であった私は「ムッ」としましたが，そこで裁判官と喧嘩しても仕方ないので，裁判官の前で依頼者に「はい，減らすように努力しましょうね」と諭して，無事に免責許可を得ることができました。

一種の病気という見方ができます。また，Q2-22で解説したように，これらの依存症は発達障害の特性から派生したものとも言えます。そのため，依存症や発達障害が背景にある場合，一律に免責不許可とするのは酷な場合もあります。そのような場合，破産法は，さまざまな事情を考慮して免責許可の決定をすることができる，と規定しています（破産法252条2項）。これを「裁量免責」と言い，形式的には免責不許可事由があるケースについて，広く利用されています。

Ｘ年12月②

　　　債権者集会では，特に債権者は出席せず，破産管財人からこれまでの調査結果と意見が述べられました。続いて免責審尋では，裁判官から「ギャンブル傾向があるようですが，大丈夫ですか？」「一度自己破産すると，原則7年間は自己破産できないと聞いていますか？」と問いかけがありました。

　　　Ｄさんは，事前に鵜飼弁護士から「落ち着いて，『大丈夫です』と答えてください」とアドバイスされていたので，「はい，大丈夫です。いろいろな人にお世話になっていますので，頑張ります」と答えました。

Question 2-25　裁判官は何を心配しているのでしょうか？

Answer

　自己破産するとブラックリストに載るため（Q2-10参照），一般のカード会社からお金を借りることができず，浪費したりギャンブルすることが難しくなります（ブラックリストに載ることが「抑止力」になります）。

　しかし，浪費やギャンブルは「依存症」という性質もあるため，どうしても気持ちを抑えられない場合，闇金に手を出したり，親族や知人を騙してでもお金を借りたりして，浪費やギャンブルを繰り返します。

　ところが，一度自己破産すると，その後7年間は原則として破産できな

いため（破産法252条1項10号イ），非常に追い込まれた状況に陥ります（追い込まれた状況に陥ると，正常な判断能力が低下し，犯罪に手を染めてしまう恐れもあります）。

　裁判官はこのような状況を心配しているのです。したがって，依存症であると自覚しているのであれば，依存症を専門に扱っている精神科を受診したり，自助グループに参加したりして治療し，同じことを繰り返さないようにする必要があります。

X＋1年1月①

　　免責審尋から2週間後，鵜飼弁護士の事務所に，裁判所から「免責許可決定」が届きました。鵜飼弁護士は，Dさんにメールで無事に免責許可が出たことを報告して，後日，事務所まで来てもらうことにしました。

　　数後日，Dさんは鵜飼弁護士の事務所を訪れました。鵜飼弁護士はDさんに，破産手続きが終わったことを説明して，法テラスに対して費用免除の申請をするよう説明しました。Dさんはお礼を述べるとともに，「本当に助かりました。だけど，もし自己破産しなかったら，私は一体どうなっていたのですか？」と質問しました。

Question 2-26　自己破産しないとどうなるのでしょうか？

Answer

　自己破産しない場合，債権者のなかでも特に金融機関は，しばらくすると裁判を起こしてきます。裁判を起こされても，借りたことは事実で，返せないことも事実であれば，たとえ裁判所へ出廷したとしても特に反論することはないので，裁判はあっという間（2〜3カ月）に終わります。

　すると，裁判所から，「被告は，原告に対し，金○○万円及びこれに対する○年○月○日から支払済まで年○％の割合による金員を支払え」との

判決書が届きます。判決に対して不服申し立て（控訴）しても，反論できる点がなければ意味がないので，裁判はそのまま確定して終了します。

　裁判が確定すると，債権者は強制執行（詳しくはQ3-24）することができますが，そもそもお金がなくて破産を考えている人に対して強制執行しても，意味がありません（「無い袖は振れない」のです）。

　それにもかかわらず，なぜ債権者はわざわざ裁判を起こすのかというと，一つは消滅時効を止めるためです。何もしないで時効期間（個人間の借り入れの場合は10年。業者から借り入れた場合は5年）が経過してしまうと，返済を求める請求権を失ってしまいます。一方，裁判を起こして判決を得ておけば，時効はそこから10年の再スタートとなります。

　そこで，将来もし働けるようになったり，相続など偶発的な資産が入ったりした場合に備えて，裁判を起こして時効を止めておくのです（そういう意味で，金融機関は回収できるとはほとんど期待しておらず，「念のため」と考えているのでしょう）。

　そうであれば，お金がなくて取られる物もない（怖いものがない）という状態であれば，自己破産せずに，裁判を起こされても強制執行されても「放っておく」という方針もあり得ます（詐欺でない限り，借りたお金を返せないこと自体は，犯罪ではありません）。

　しかし，一般的には，債権者から督促状が届いたり，裁判所から書類が届いたりするのは，決して精神衛生上良いものではありません。また，健康状態が回復して働けるようになった際に，突然給与を差し押さえられる可能性もあります。そのため，やはり借金を放置せずに，自己破産してスッキリして再出発したほうが良いでしょう。

X+1年1月②

　　Dさんは，「なるほど，やはり自己破産して良かったです」と答えました。
　　鵜飼弁護士が「就労支援のほうはどうですか？」と尋ねたところ，Dさんは「発達障害向けのプログラムを受けています。今は

体調もだいぶ良くなって，パソコン関係の職業訓練も受けるので，なんとか就職したいですね」と，嬉しそうに答えました。

鵜飼弁護士は，「三歩進んで二歩下がるくらいので気持ちで，無理せず進んでくださいね」「最初に相談された精神保健福祉士の渋谷さんにも，Dさんから報告してあげてください」「再就職できたら，お祝いにラーメンを食べに行きましょう」と告げて，最後の打ち合わせは終了となりました。

COLUMN 4 ── 支援の適切なタイミングはいつ？

　生活保護は最後のセーフティーネットですが，さまざまな問題点も指摘されています。特に，日本女子大学の岩田正美名誉教授による，「生活保護は，基準以下の貧困（down）への（できるだけ早い）対応をすべきなのに，out してから来るように，といっているようなものです」「生活保護が対応する貧困は，『部分的な貧困』ではなく，利用者は『すべてに困窮している』必要があり，いわば『丸裸の人』へ，『すべてを着せてあげる』という制度解釈が長期になされてきた」[20]との指摘は興味深いです。

　私も，生活保護を受給して自己破産する方の依頼をたくさん受けてきましたが，「もう少し手前でどうにかならなかったのかな……」と思うことがあります。これは，弁護士に共通する問題意識で，日本弁護士連合会も「生活保護法改正要綱案」[21]の中で，「一歩手前の生活困窮層に対する積極的な支援の実現」を掲げ，「我が国では生活保護の利用世帯の収入がその世帯の最低生活費を上回ると一切生活保護の利用ができなくなる。その結果，国民健康保険料，医療費や介護費の自己負担金などの出費が一挙に増え，生活保護の一歩手前の生活

---

*20　岩田正美（2021）『生活保護解体論──セーフティネットを編みなおす』岩波書店，23-24頁
*21　日本弁護士連合会（2019）「生活保護法改正要綱案（改訂版）」https://www.nichibenren.or.jp/library/ja/opinion/report/data/2019/opinion_190214_2.pdf

困窮層が保護利用世帯よりも可処分所得が少なくなる『逆転現象』が見受けられる。そこで，第一次案で提案したとおり，生活保護基準の少し上（10分の13）の低所得層に対し，住宅扶助・医療扶助・生業扶助に限定した部分的給付を行うことに加え，改訂版では，教育扶助についても同様とした」と提言しています。

　このような「一歩手前」の制度として，Q2-3で説明しました生活困窮者自立支援制度がありますが，コロナ禍の混乱や現場の人手不足もあるようで，なかなか対応が追い付いていない印象です（なお，神奈川県座間市では，生活困窮者自立支援制度を最大限活用するために，「断らない支援制度」とのスローガンのもとで，官民協働の横断的な支援体制を構築し，注目されています[22]）。

　以上のような状況のなかで，弁護士が関与しているのは，ほんの一部です。破産手続きのなかで，本人から「破産に至る事情」を詳しく聴くことになるのですが，その人の過酷だった人生に思いをはせて，その後の人生を温かく見守って応援するくらいしかできないのが現状です。

＊22　篠原匡（2022）『誰も断らない　こちら神奈川県座間市生活援護課』朝日新聞出版

▶ まとめと弁護士へリファーする際のポイント ◀

◎最初にＤさんが鵜飼弁護士に電話相談したのはＸ年１月で，自己破産手続きが完了したのはＸ＋１年１月ですので，約１年間かかりました。このように，自己破産を依頼してから裁判所の手続きが完了するまで，早くて６カ月くらい，長ければ２年くらいかかります（この長さには，依頼した弁護士の仕事の速さ，費用の積み立てが必要かどうか，ややこしい債権債務が存在しないか，管財事件か同時廃止かなどの要素が影響します）。

◎そのため，お金の問題で対人援助職の皆さんが弁護士へリファーする際には，時間はかかるけれども，ややこしいことは弁護士に任せて，焦らずじっくりと身体の調子や生活を立て直すよう，助言すると良いでしょう。

◎また，お金の問題で精神的に追い込まれると，日々のことで精いっぱいで，長期的な視点や気持ちの余裕が持てなくなると言われています。そのような状態では，無理をして働いてメンタルを崩す⇒休職する⇒復職できず自然退職⇒焦ってますますメンタル不調⇒なかなか再就職できない……という「負のスパイラル」に陥ることがあります。そのため，お金の問題で悩んでいる人を見つけた場合，少しでも早く弁護士へリファーして，「負のスパイラル」を止めてあげてください。

対人援助職の方々からのコメント

●髙橋三江子さん●

社会福祉士，精神保健福祉士，キャリアコンサルタント，
産業カウンセラー，カウンセリングルーム MT-Associe 代表

【リファーする際，弁護士さんにどんな情報提供をすれば良いのですか？】

　事例を読んで，弁護士さんに関わっていただくと法的にすぐに解決する，というイメージを持っていましたが，そうではなく，段階を追って時間をかけて解決をしていくことが分かりました。リファーする際には，この点をしっかりと相談者に伝える必要があると思いました。そのうえで，質問です。

　リファーについて考えると，守秘義務と情報共有で悩むことがあります。カウンセリング中に開示された情報を弁護士さんと共有する・しないの判断は，カウンセラーが行うことになります（もちろん，情報共有するときは相談者さんから承諾をとりますが）。

　そこでお尋ねしたいのが，弁護士さんとしてはどのような情報が必要なのか，あるいは，必要な情報は弁護士さんが入手するのでカウンセラーからの情報提供はいらないのか，ということです。本音を言えば，弁護士さんとして必要な情報は弁護士サイドで入手するので，カウンセラーから情報提供をしてもらう必要はない，と言ってほしいのですが，その点はどうなのかが知りたいです。

⇒著者からのコメント

　弁護士は独自に，相談者さんから聴き取りを行いますが，その際に「法律的に重要な客観的事実」を重視します。ただし，相談者さんにとっては，法律的に重要な客観的事実でなかったとしても，ここはどうしても聴

いてもらいたい点（心の中にひっかかっている事柄や感情）があり，カウンセラーはそれを把握しているでしょう。一方，弁護士がその点をうまく聴き出せるとは限らないので，リファーする際に，申し送りしてもらえると助かります。

【コミュニケーションが難しい方を弁護士さんへリファーする際の注意点を教えてください】

　生活保護申請のところまでは，ソーシャルワーカーとして支援できる範疇だと思いますが，その後の借金の整理については弁護士さんなど専門家の力が必要だと感じました。

　この事例では，鵜飼弁護士との最初の電話で，Dさんは「一人で行くと言いたいことがうまく言えない」と訴えることができましたが，初対面（初電話）でそこまで言える相談者ばかりではないでしょう。また，事前に「福祉事務所に付いてきてもらうように，弁護士さんに言ってくださいね」と相談者さんに伝えておいたとしても，コミュニケーション能力的に難しい相談者さんもいます。

　このような段階で，弁護士さんと対人援助職が連携をとることはできるのでしょうか？　できるとするなら，どのような段取りになるのでしょうか？

⇒著者からのコメント

　弁護士はただでさえ「敷居が高い」「怖そう」「怒られそう」というイメージがあるので，特にコミュニケーション能力的に難しい相談者さんの場合は，弁護士へリファーしても，実際には弁護士事務所を訪れないこともあるでしょう。

　そこで，初めて弁護士に相談する際には，紹介者である対人援助職の方が同行・同席していただけると助かります。もちろん，本人の同意が必要ですが，断られる場合よりも，むしろ同行してほしいと望む場合のほうが，多いのではないでしょうか。

第 **3** 章　独居高齢障害者の金銭被害

あらすじ

　精神疾患を患う高齢者のＥさんは，独り暮らしだったこともあり，多額の金銭被害に遭ってしまいました。それに気づいたケアマネジャーの杉並さんが弁護士へリファーし，裁判を通じてお金を取り戻し，生活状況を整えていく事例です。この事例を通じて，成年後見制度，民事裁判の仕組み，判断能力の認定方法，強制執行の仕組みなどを説明します。

家族構成

　東京都に住むＥさん（70代男性）は，10代の頃に統合失調症を発症しました。アルバイトをしたことはありますが，長期間継続的に就労したことはなく，趣味の楽器演奏を楽しみながら，両親と共に生活していました。

　10年ほど前に両親は他界し，それ以降は，両親が遺した一軒家（築60年）で独り暮らしをしていました。買い物や外食は問題なくできますが，掃除は苦手なので，家の中はゴミ屋敷状態でした。生活費は，障害年金と両親が遺した預貯金から充てていました。

　Ｅさんは，近くの総合病院の精神科に定期的に通院していましたが，通院が途切れ途切れになったり，薬を処方されても飲まないことがありました。

　数年前に，地域の包括支援センターの職員がＥさん宅を訪問

し，介護認定を受けて訪問介護を受けてはどうかと提案しましたが，Eさんは自由に過ごすことが好きで，ゴミもさほど気にならなかったので，「独りでも大丈夫です！」と断りました。

金銭トラブル

Eさんには兄弟姉妹はいませんでしたが，幼馴染みの友人（F氏）がいました。両親が他界してから，たびたびF氏がEさん宅を訪問していました。

後で分かったのですが，F氏は「必ず返すからお金を貸してほしい」とEさんに頼んで，一緒に銀行に行き，数十万円の現金を何度も受け取っていました。F氏による金銭無心はエスカレートし，Eさんの1,200万円近くあった預貯金は底をつきそうでした。

自宅売却（X年4月）

F氏はEさんに無断で，大手の不動産販売業者にEさんの自宅の査定を依頼しました。建物は古いため価値はありませんでしたが，土地は高く見積もって約6,000万円との査定でした。

担当者が「今住んでいる方はいつ退去される予定ですか？」と尋ねたところ，F氏は，「それが実は……退去しないって言うかもしれないんですよ」と苦笑いしました。そこで担当者は，「それなら，リースバックはどうでしょうか？」と提案しました。F氏が「リースバックってなんですか？」と聞いたところ担当者は，「土地建物を売却して，新しい所有権者との間で賃貸借契約を結ぶのです。そうすれば，売却代金を手にして，住み続けることができますよ」と答えました。F氏は，「それはいいですね！それならEさんも喜びますよ！」と満足そうでした。

後日，F氏はEさん宅を訪問して，「Eさん，貯金が底をついて心配でしょう。でも大丈夫。すごくいい話があるんだよ！　お金をもらって，ここに住み続けることができるんだよ！」と提案しました。Eさんは，「僕のためにそんないい話を持ってきてくれてありがとう！　お礼をしなきゃいけないね。お礼は何がいい？」と喜びました。するとF氏は，「お礼なんていらないよ。

ただ，売買代金は大きなお金になるから，安全のために，私が半分預かっておいてもいい？」と提案しました。Ｅさんは「やっぱりＦちゃんは優しいなー」と笑顔で答えました。

Ｘ年6月

　Ｆ氏は不動産販売業者に対して，値段は安くてもかまわないから早く買主を見つけてほしいと頼んだため，業者はリースバックの条件を付けて3,500万円で買主を探したところ，不動産開発業者のＸ社が名乗りを上げました。

　Ｆ氏はＥさんと一緒に100円ショップを訪れて印鑑を購入し，その足で市役所に行って，実印の印鑑登録手続きを済ませ，印鑑登録証明書を取得しました。

　1週間後，不動産販売会社の事務所で，売買契約の締結と決済が行われました。Ｆ氏はＥさんに対して，「ずっと住み続けることができるから安心してね」と告げると，Ｅさんはニコニコしてうなずきました。売買代金（3,500万円）は，そのうち半分をＥさんの口座に，残り半分をＦ氏の口座に送金する手続きが取られました。そして，司法書士が，不動産登記の変更手続きを行いました。

　また，買主Ｘ社とＥさんとの間で，賃貸借契約書が交わされました。賃貸借契約書には，「家賃7万円，契約期間1年間」と記載されていましたが，特記事項として「買主は将来，本物件を第三者に再度販売することがあります」と記載されていましたが，誰もＥさんに対してその意味を説明しませんでした。

Question 3-1 　賃貸借契約書の特記事項にはどのような意味があるのでしょうか？

Answer

　契約書上は「契約期間1年」と書いてありますが，Ｅさんとしては「ずっと住み続ける」という条件で自宅を売却して賃貸借契約を結んだことになり，Ｘ社もそのことを知っています。法律的には，両者の間で「契

約期間はＥさんが死亡するまで」との特約が結ばれた，と評価することもできます。

ところが，このような特約は，自宅が転売された場合，事情を知らない新しい買主（第三者）に対しては効力がありません。後になって新しい買主が，「死ぬまで住むなんて特約があったことはＸ社から聞かされていません。転売も予定されていると特記事項に書いてありますよ」と，強気で主張することが予想されます。

このようなカラクリは，法律の専門家でないとなかなか気づくことができませんが，高齢者や障害者の方を騙すテクニックとして使われることがあります。

Ｘ年11月

売買契約締結後，Ｅさんは特に変わりなく生活していました。

ある日，不動産開発業者（Ｙ社）を名乗る人物がＥさん宅を訪れました。Ｙ社の担当者は，「Ｅさん，はじめまして。私どもはＸ社さんからこちらの不動産を購入しましたので，これからは私どもが新しい家主となります」と名刺を差し出しました。Ｅさんはニコニコしながら，「よろしくお願いします」と答えました。次に担当者は，「立ち退きのお願い（更新拒絶通知）」と書いた紙をＥさんに渡して，１週間後にまた来ると告げて帰りました。

その様子を見ていた近所の人が地域包括支援センターに電話をかけて，「Ｅさんのところにスーツを着た不動産業者らしい人が出入りしているのですが……。騙されたりしていないか心配なので，ちょっと様子を見てもらってもいいですか？」と依頼しました。

３日後，地域包括支援センターの職員がＥさん宅を訪問しました。相変わらずゴミ屋敷の状態でしたので，Ｅさんに「お掃除を手伝うように手配しましょうか？」と尋ねると，Ｅさんは，「はい，お願いします。この家は借りているので，汚したら怒られま

すし」と答えました。職員が「不動産業者の人が来たと聞きましたが，何か言われたのですか？」と質問したところ，Eさんは「何か紙を渡されましたが，えーと，どっかやっちゃいました」と答えました。職員はとりあえず，介護認定の手続きを進めることにしました。

　1週間後，介護認定のために介護支援専門員がEさん宅を訪問し，30分ほど質問をして調査しました。その結果，Eさんは，要支援2の介護認定を受けることになりました。

X+1年1月①

　Eさんの担当ケアマネジャーとなった杉並さんは，Eさん宅を訪問して，健康状態や生活状況を質問しました。杉並さんが部屋の中を見渡したところ，床に「立ち退きのお願い（更新拒絶通知）」と書かれた紙が落ちているのを見つけました。Eさんに尋ねたところ，昨年秋に新しい家主から渡されたけれども，ずっと住んでよいと言われたはずなのでおかしい，とのことでした。杉並さんは何だか嫌な予感がしたので，知り合いの鵜飼弁護士に相談してみることにしました。

　杉並さんから電話を受けた鵜飼弁護士は，3日後，Eさん宅を訪問しました。鵜飼弁護士は玄関先で自己紹介して名刺を渡し，Eさんから事情を聴きました。Eさんは，「立ち退きのお願い（更新拒絶通知）」を見せて，「去年，Fちゃんと一緒に不動産屋に行きました。だけど，ずっと住んでいいって言われたんです。Fちゃんが証言してくれます」と，やや興奮気味に説明しました。鵜飼弁護士は，「分かりました。ずっと住んでいたいですよね。ちょっと調査してみますので，書類をコピーさせてくださいね」と告げ，事務所へ戻りました。

　鵜飼弁護士がEさんの自宅の不動産登記を取ってみたところ，X年6月に自宅不動産はX社に売却され，同年11月にY社に転売されていることが分かりました。また，Y社がEさんに渡した書類の中には，一級建築士による耐震診断報告書が含まれていて，

| そこには「倒壊のおそれが非常に高い」と記載されていました。

Question 3-2 | 耐震診断報告書はどのような意味を持つのでしょうか？

Answer

　家主側が賃貸借契約の更新を拒絶するためには，「正当な事由」が必要です（借地借家法28条）。建物の耐震性に問題があるという点は，この「正当な事由」に該当することがあります。そのためY社は，Eさんとの賃貸借契約を更新せず立ち退いてもらうために，耐震診断報告書をわざわざ作成しました。

　ちなみに，たとえ建物の耐震性に問題があったとしても，建物の所有権者がEさんであれば，他人の指示でEさんが出ていく必要はありません。Eさん自身で耐震補強工事を依頼することもできますし，（極論ですが）倒壊しても自己責任で引き受けるというのであれば，出ていく必要はないのです。

　なぜEさんが立ち退きを迫られるようになったのかというと，リースバックによって建物の所有権を失ってしまったからです。このような手口で（不動産業者がグルになって），高齢者や障害者の方が自宅を奪われてしまうケースがあります。

X＋1年1月②

　鵜飼弁護士はEさんに事務所まで来てもらい，自宅の所有権は現在Y社であること，このままでは自宅から退去しなければならない可能性があることなど，事情を説明しました。するとEさんは，「それは困ります！　話が違います！　Fちゃんに聞いてみてください」と抗議しました。そこで鵜飼弁護士は，「分かりました。それでは，Y社との交渉と，Fさんからお金を返してもらう交渉を，私に委任してもらえますか？」と尋ねたところ，Eさんは快諾しました。

　まず，鵜飼弁護士は，Ｙ社に電話をかけてＥさんに直接接触しないことを申し入れ，交渉したいことがあればこちらに連絡するよう告げました。

　次に，鵜飼弁護士は，Ｆ氏に対して内容証明郵便を出しました。

ご連絡

○○年１月○日

Ｆ殿

Ｅ氏代理人弁護士鵜飼○○

住所○○　電話番号○○

　当職は，Ｅ氏から，貴殿との間の金銭授受に関する一切の事項について委任を受けた代理人として，このお手紙を差し上げております。

　貴殿もよくご存じと思いますが，Ｅ氏は，「ずっと住み続けることができる」との貴殿の言葉を信じて自宅不動産を売却しましたが，すぐに第三者に転売され，現在，建物耐震性能を理由に立ち退きを迫られています。今後，売買契約の無効を主張し，自宅不動産の所有権を取り戻すことを考えておりますが，そのためには，売却代金を返金しなければなりません。つきましては，貴殿が預かっている売却代金の一部（1750万円）を，以下の口座まで速やかに送金してください。

　○○銀行○○支店○○○

　また，貴殿は，Ｅ氏から過去数度にわたり，数百万円程度を借り受けていますが，これについても詳細を明らかにしたうえで，速やかに返金してください。

　なお，この件が解決するまで，Ｅ氏に対して，電話，面会など一切の手段を使って連絡・接触することはお控えください。Ｅ氏に対して連絡事項がありましたら，すべて当職宛にお知らせいただきますようお願いいたします。

X+1年2月

　Y社の担当者から，鵜飼弁護士に対して面談の申し入れがありました。担当者は鵜飼弁護士の事務所を訪れて，「X社とEさんとの間でどのような合意があったのか知りません」「立ち退いてくれるのであれば，立退料を提案します」と述べました。

　鵜飼弁護士は，「Eさんは立ち退くつもりはありません」「一連の売買契約について疑問を持っていますので，現在，調査中です」と答えました。

　一方，F氏から，鵜飼弁護士へ手紙が届きました。

> 　お手紙拝見しました。なぜ弁護士さんが突然介入してくるのか，よく意味が分かりません。Eさんが出て行かなければならないとは，どういうことでしょうか。幼馴染としてEさんのことをとても心配しています。Eさんと直接話をさせてください。預かっているお金は，少し待ってください。必ず返します。

　鵜飼弁護士はF氏に電話をかけて，返金を求めました。するとF氏は，最初はのらりくらりしていましたが，最終的に「預かったお金は，知人に投資しているので手元にありません。ですが，知人と連絡がつかなくなって，私も困っているんです……」と認めました。

X+1年3月①

　鵜飼弁護士は，地域包括支援センターの職員とケアマネジャーの杉並さんに，Eさんの今後の生活支援について相談しました。

　はじめは，このままゴミ屋敷のような一軒家で独り暮らしを続けることは心配なので，有料老人ホームや，サービス付き高齢者向け住宅で生活することがよいだろう，という議論になりました。しかし，Eさんが自由な生活を好んでいることや，趣味で習っている楽器教室に通える地域で暮らしたいと強く希望していることから，同じ地域内のアパートで生活しながら，訪問介護（清掃や買い物の支援）や，訪問看護（服薬支援）を受けたほう

が良いのではないか，という結論に至りました。

　そこで，鵜飼弁護士は，Ｙ社と立ち退き交渉を進める方針を立てて，Ｅさんにその内容を説明することにしました。

Question 3-3 ┃ なぜ鵜飼弁護士は立ち退き交渉を進めることにしたのでしょうか？

Answer

　そもそもＥさんが自宅を売却した理由は，「ずっと住み続けることができる」という条件があったからです。また，Ｅさんは，統合失調症を患っているため，難しい法律問題について判断能力が不十分です。そのため，勘違い（錯誤）があったとして売買契約を取り消したり（民法95条1項2号），意思能力が欠けていたとして売買契約を無効（民法3条の2）と主張して争うことが考えられます（Q3-17参照）。

　ただし，売買契約が無効となる場合，不動産名義が戻ってくるかわりに，Ｅさんは受け取った売買代金を不動産業者へ返さなければなりません。ところが，受け取った売買代金の半分は，Ｆ氏が使ってしまっているため返金できないのです。

　そのため，鵜飼弁護士は苦渋の選択として，売買契約の有効性を争うことを諦めざるを得ず，立ち退く交渉のなかで，少しでもＥさんに有利になるような条件を引き出す方針をとりました。

X＋1年3月②

　鵜飼弁護士はＥさん宅を訪問して，自宅を取り戻したいけれどもＦ氏がお金を使ってしまったので，取り戻すことが難しいことを説明しました。Ｅさんははじめ，「Ｆちゃんがそんなことするはずがない！」と興奮気味でしたが，「そういえば，Ｆちゃんに前にもお金を貸したけれども，1円も返してもらっていない」「今度も返さないつもりなのかな……」と寂しそうに呟きました。

　鵜飼弁護士は，「このままだと家主から立ち退き裁判を起こさ

れてしまうから，その前に少しでも良い条件で立ち退いたほうが良いかもしれません」「ケアマネジャーさんも，アパートで暮らしても大丈夫だし，そのほうがＥさんとっても安全だと言ってくれていますよ」と説明しました。Ｅさんは，「立ち退くといったって，私はどこに住んだらいいのですか？」と心配そうな顔をするので，鵜飼弁護士は，「成年後見という制度を使って，私がアパート探しを一緒に手伝いますよ」と答えました。

 Question 3-4 成年後見とはどのような制度でしょうか？

Answer

　成年後見は，認知症や精神疾患によって判断能力が低下した本人を守るために，家庭裁判所の監督のもとで，親族や弁護士などが「後見人」「保佐人」「補助人」のいずれかに選ばれて，本人の財産を管理したり，契約を締結したりする制度です。

　判断能力の低下度合いによってどの類型になるか決まりますが，判断能力を常に欠いている場合には「後見人」，判断能力が著しく不十分な場合には「保佐人」，判断能力が不十分な場合には「補助人」となります。

　イメージでいうと，日常会話が困難なレベルであれば「後見人」，日常会話は一応できるけれども書類を理解するのは困難なレベルであれば「保佐人」，簡単な書類は理解できるけれども難しい書類を理解するのは困難なレベルであれば「補助人」が選ばれます。ちなみに，令和２年では，後見26,367件，保佐7,530件，補助2,600件となっています。

Question
3-5
「任意後見」や「家族信託」という制度を聞いたことがあるのですが，「成年後見」とはどのような違いがあるのでしょうか？

Answer ─────────────────

両者の違いを簡潔に説明します。

1．任意後見との相違

　成年後見は，法制度上は，本人が家庭裁判所へ申立てをすることができます[*1]。ただ実際には，本人の判断能力は不十分であるため，本人ではなく親族，あるいは親族がいない場合は市区町村長が申し立てることになります。その場合，誰が「後見人」等に選ばれるか分かりません。

　しかし，自分の財産管理を一手に任せるわけですから，やはり信頼できる人に頼みたいと思うでしょう。そのための制度として，「任意後見契約」という制度があります。これは，「いざとなったらこの人に成年後見人になってほしい」と，あらかじめ信頼できる人との間で任意後見契約を結ぶことができる制度で，「後見人の予約制度」とも言えます。

2．家族信託との相違

　「家族信託」という制度は，親族など信頼できる人（受託者）と「家族信託契約」を結ぶことで，財産を受託者へ移転しつつ，必要な生活費だけ渡してもらうことができる制度です。ただし，「成年後見」と異なり，「家族信託」では家庭裁判所が関与しませんので，相当信頼できる人を受託者に選ぶ必要があります。

　また，「家族信託」では，契約を結んでも，悪徳商法に引っかかってしまった契約を取り消すことはできませんので，財産を守るという点では十分ではありません。

X+1年3月③

　　　　　鵜飼弁護士は，Eさんは日常会話に問題はないので，「後見人」

─────────────────

＊1　正確には申立権者は，本人，配偶者，4親等内の親族，成年後見人等，任意後見人，任意後見受任者，成年後見監督人等，区市町村長，検察官となっています。

ではなく「保佐人」がふさわしいと考えて準備を進めました。ま
ず，通院先の精神科医に連絡して，専用の診断書を作ってもらう
ことを依頼しました。また，ケアマネジャーの杉並さんに連絡し
て，本人の生活状況などの報告書（本人情報シート）を作成する
ことを依頼しました。

　次に，Ｅさん宅を訪問して，持っている通帳をすべて見せてほ
しいと依頼しましたが，一部しか通帳が見つからなかったので，
そのコピーを取らせてもらいました。また，鵜飼弁護士はＥさん
に，「私がＥさんの保佐人の候補者になってもいいですか？」と
尋ねたところ，Ｅさんは「はい，お願いします！」と快諾しまし
た。

Question 3-6 ｜ 成年後見を申し立てるためにはどのような準備が必要でしょうか？

Answer

　専用の申立書，財産目録，収支予定表，親族同意書など，たくさんの書
類を準備する必要があります。これらの書式は，家庭裁判所の WEB サイ
ト*2からダウンロードしたり，各自治体の社会福祉協議会でもらうこと
ができます。書式の内容はやや専門的なので，社会福祉協議会の担当者に
書き方を教わったり，弁護士や司法書士に作成を依頼することもできま
す。

　用意するのに一番時間がかかるのは，医師の診断書です。認知症の場合
は，脳の画像診断が必要なこともあるため，どこの病院でもかまわないわ
けではなく，成年後見の診断に慣れている病院を探さなければなりませ
ん。また，健康体であれば，「ひとりで病院へ行って診断書をもらってき
てください」と頼めますが，高齢者で認知症に罹っていた場合，ひとりで

*2　https://www.courts.go.jp/tokyo-f/saiban/kokensite/moushitate_seinenkouken/
　　index.html

病院へ行けないため，近くに親族がいなければ付き添う人を探さなければなりません。

　さらに，本人が独り暮らしの場合は，財産関係の通帳や書類が散乱していて，財産状況を把握することが困難なことが多いです。そのような場合は，分かる範囲で記載すれば足ります（財産管理ができなくなったから成年後見を申し立てるのですから，家庭裁判所も最初から完璧な財産状況報告を求めません）。

 後見人や保佐人には誰が選ばれるのでしょうか？

Answer ─────────────────────────────────

　あらかじめ，家庭裁判所に候補者を申請することができます。この場合の候補者は，親族や親しい知人がなることもできます。そして，この候補者に特に反対する親族がいなければ，候補者が後見人や保佐人に選ばれる可能性が高いです。

　ただし，専門家ではないので，適切に財産管理を行えるか不安もあるため，家庭裁判所は別途「監督人」を付けることがあります。この「監督人」には弁護士や司法書士が就任して，専門的な見地から後見人や保佐人に助言したり，報告を求めて監督したりします（家庭裁判所の下請け人のようなイメージです）。

　一方，親族の誰かが候補者に反対している場合，そのまま選ぶとトラブルになる可能性が高いため，家庭裁判所は候補者ではない第三者（弁護士や司法書士）を選ぶことになります。

　ちなみに，賛成や反対の意見を述べる親族は，本人が亡くなった場合に相続人となる人です。Eさんの場合，相続人はいないので，誰かの意見を聞く必要はありません。

Question 3-8 | 弁護士に成年後見を頼むとお金がかかると聞いたのですが，どれくらいかかるのですか？

Answer

　成年後見でお金がかかる場面は，大きく二つあります。

1．最初の申立て手続き

　Q3-6で説明したように，家庭裁判所へ提出するさまざまな書類を準備することはとても大変なので，弁護士に申立てを依頼することができます。この費用は弁護士によって異なりますが，おおむね15〜20万円程度です。この費用は，申し立てる人が負担しなければなりません。たとえば，高齢の叔母が認知症になり，甥が成年後見を申し立てる場合，叔母の財産から弁護士費用を払うことはできないです。そのため，金銭負担をしてくれる親族がいない場合，自治体の首長が申し立てることになります（実際には，福祉課の担当者が書類を作って申し立てます）。

　また，家庭裁判所が医師による鑑定が別途必要と判断した場合，鑑定してくれる医師に対する謝礼金として，20万円程度が必要となります。この費用も，原則として申立人が負担するのですが，家庭裁判所の許可があれば，後日，本人の財産から支出することができます。

2．毎年の報酬

　本人の財産内容によって異なりますが，預貯金など金融資産が多ければ，弁護士へ払う報酬も多くなる傾向にあり，年間30〜80万円程度です。また，住んでいない不動産を売却処分したり，悪徳業者を裁判で訴えてお金を回収するなど，大きな事務処理が発生した場合には，追加で数十万円の報酬が発生します。報酬が高い（だから成年後見を弁護士に頼みたくない）という意見も聞きますが，弁護士側からすると，毎月の訪問や細かい事務処理でそれなりの時間と労力を割いていますので，そこはご理解いただきたいところです。

　なお，本人の財産が少ないため，毎年30万円であっても報酬を払うと生活が成り立たない場合は，自治体が報酬を援助する制度もありますので，成年後見制度は経済状態が苦しくても（生活保護受給者であっても）利用

できます。

　　鵜飼弁護士はハッと気がついて，Ｅさんに確定申告はどうした
か尋ねたところ，よく分からないとのことでした。そこで，鵜飼
弁護士は急いで不動産売買を仲介した業者に連絡して，売買契約
書類のコピーを送ってもらい，知り合いの税理士に依頼して，申
告期限を過ぎていたけれども確定申告をしてもらいました。

　　鵜飼弁護士がホッとしていると，税理士から，「Ｅさんは１年
間だけ高所得者として扱われますので，不動産譲渡の所得税を納
めるだけでなく，住民税もドンと上がりますし，国民健康保険料
も介護保険料もドンと上がりますので，全体で500万円くらい納
めることになります」と告げられました。

X＋１年４月②

　　鵜飼弁護士はＹ社の担当者に電話をかけて，立ち退きの条件に
ついて協議したいと申し入れました。担当者は喜んで，すぐ翌日
に鵜飼弁護士の事務所を訪れました。鵜飼弁護士は，年内（12
月）まで立ち退きを猶予してほしい，立退料として500万円出し
て欲しいと提示しましたが，Ｙ社は難色を示しました。

Question 3-9　立退料はどのように決められるのでしょうか？

Answer

　立退料について，法律で計算式が決められているわけではありません。
どのように決まるかというと，「立ち退き請求が法律的に認められる度合
い」が重要な要素となります。つまり，明らかに建物が老朽化していて，
裁判を起こせば立ち退きが間違いなく認められる状況であれば，立退料は
低くなります（家主側が強い立場で交渉できます）。一方，建物は特に老
朽化していなくて，借主側には家賃滞納など何も契約違反がなく，裁判を

起こしても立ち退き請求が認められる可能性は乏しい状況であれば，立退料は高額になります（借主側が強い立場で交渉できます）。

　このような要素を踏まえて，立退料は，低い場合は家賃の 6 カ月分程度，高い場合は家賃の 3 年分程度になることがあります（あくまで目安なので，もっと低くなる場合，もっと高くなる場合もあります）。

　Eさんのケースでは建物の耐震性に問題があるため，裁判を起こされれば負ける可能性があります。そういう意味では，鵜飼弁護士はけっこう強気の交渉をしていることになります。

X+1年5月①

　鵜飼弁護士とY社は協議を続けて，立退料350万円（引越し代込み），10月末までに立ち退くことで合意しました。

X+1年5月②

　ある日，鵜飼弁護士に連絡せず，F氏が突然Eさん宅を訪問しました。F氏はEさんに対して，「ごめんなさい。まさか出て行けって言われるなんて，僕も思っていなかったんだよ」「弁護士さんからEさんのお金を返してくれって言われたんだけど，使っちゃって手元にないんだよ……」「お金ないのに，弁護士さんからすごい剣幕で返せってイジメられて，困っているの……」と告げました。

　するとEさんは，「Fちゃん，イジメられているの？　可哀そうに。イジメはよくない！」と怒りをあらわにしました。F氏は「じゃあ，僕を助けてくれる？」と頼んだところ，Eさんは「うん，助けてあげるよ。どうしたらいい？」と言うので，F氏は「この紙にサインしてもらえるかな？」と言いながら，「債務免除証書」との表題で，「以前貸したお金，預かっている不動産売却代金（1,750万円）を含め，すべて返金を求めません」とパソコンで書かれた紙を取り出しました。

X+1年5月③

　　鵜飼弁護士はＥさんと一緒に家庭裁判所へ出向き，調査官と面談しました。調査官は保佐人の制度を説明して，Ｅさんの意向を確認しました。Ｅさんは，「はい，お願いします」「先週もＦちゃんが来て，いろいろなこと言うから困っています」「これから分からないことは，鵜飼先生に相談します」と答えました。

　　鵜飼弁護士と調査官は怪訝な顔をして，「Ｆさんには何か言われたのですか？」とＥさんに尋ねたところ，「助けてって言われて，何か紙に名前を書きました」「中身は見ていないので分かりません」とのことでした。鵜飼弁護士は調査官に対して，Ｆ氏が何やら企んでいるようなので，一日でも早く保佐人の決定を出してほしいとお願いしました。

　　事務所へ戻った鵜飼弁護士は，Ｆ氏に対して，Ｅさんに接触しないよう警告文を送りました。

X+1年6月

　　家庭裁判所から，鵜飼弁護士をＥさんの保佐人として選任して，重要な法律行為に代理権を与える，という正式な決定書が届きました。鵜飼弁護士は事務所のスタッフと連携して，金融機関や区役所へ届け出をしました。

Question 3-10 ｜ 家庭裁判所の決定が出ると保佐人は何をしなければならないのでしょうか？

Answer

　家庭裁判所がサービスで，行政機関や金融機関に通知してくれるわけではありません。そのため，保佐人が各所に出向いたり，郵送手続きによって届け出をする必要がありますが，これがけっこう大変です。役所では，健康保険，介護保険，障害福祉，固定資産税などの各部署や，年金事務所にも届け出をする必要があります。金融機関では，各機関によって書式や必要書類も異なり，審査に時間を要することもあります。無事に届け出が

完了すると，保佐人は，本人に代わって預貯金を管理することができます。行政機関からの通知文書は，保佐人宛に届くようになります。

　以上の手続きが完了するまで，2～3カ月程度要します。また，通院していたり介護を受けている場合は，病院やケアマネジャーに連絡して，本人の健康状態を確認して，今後の支援計画を相談しなければなりません。

X＋1年7月①

　　鵜飼弁護士はEさんの転居先を探すために，区役所の住宅課を訪れ，高齢者向けのアパートを紹介する制度に申し込みました。すると，区役所と連携しているいくつかの不動産業者から，物件の紹介がありました。

　　鵜飼弁護士はEさんと一緒に不動産業者を訪問しましたが，「親族の方で緊急連絡先になれる人はいますか？」「携帯電話で本人確認できますか？」と質問されました。鵜飼弁護士が代わりに「緊急連絡先になってくれるような親族はいないのです」「今，Eさん本人は携帯電話を持っていないのですが，マズイですか？」と答えたところ，不動産業者は，「うーん，私はかまわないのですが，オーナーさんが親族の緊急連絡先がないと断る場合がほとんどでして…」「携帯電話は保証会社の本人確認に使うので，持っていないと審査に通りませんし…」と悩ましげに答えました。

Question 3-11 | どうしてアパート探しは難しいのでしょうか？

Answer

　家賃を払う資産が十分あるにもかかわらず，高齢者や障害者の方は，アパートをなかなか借りられないことがあります。その理由は，家主が「孤独死」の発生を心配しているからです。

　孤独死によって，部屋で亡くなってから数日間発見されない場合，部屋のクリーニングが大変になりますし，いわゆる事故物件の扱いになること

があります。また，遺体を引き取る親族がいない場合，最終的には行政が
対処することになりますが，やはり家主としては極力避けたいという気持
ちが強いのでしょう。特に，都市部では借り手がたくさんいますので，家
主としては，わざわざ身寄りのない高齢者や障害者の方に貸そうと思わな
い傾向にあります。

　各自治体は，身寄りのない高齢者や障害者の方のためにアパートのあっ
せんをしていますが，最終的には家主の判断となるので，なかなか難しい
との印象があります。

X＋1年7月②

　　鵜飼弁護士はEさんのために，プリペイド式携帯電話を購入す
ることにしました。また，鵜飼弁護士は不動産業者に，「私が保
佐人として，家賃は責任持ってお支払いします。何かトラブルに
なった際にも，間に入って対処します。毎週ヘルパーさんや看護
師さんにも訪問してもらいますので，孤独死になる可能性は低い
と思います。どうかオーナーさんによろしくお伝えください」
と，何度も懇願しました。

X＋1年9月

　　不動産業者は10カ所の物件を当たり，家主に対して鵜飼弁護士
の言葉を伝えました。すると，同じ地域内で1件だけ，貸しても
よいという回答がありました。その物件は，最寄駅から少し遠
く，築年数も古く，家賃も割高でしたが，背に腹は代えられない
ので，Eさんと鵜飼弁護士はその物件を借りることに決めました。

X＋1年10月

　　退去期限が近づいてきたので，鵜飼弁護士はEさんに，「引っ
越し先に持っていきたい物はありますか？」と尋ねたところ，
「着る物さえあれば大丈夫です！」とのことでした。鵜飼弁護士
は，自宅の所有権者であるY社に残置物について確認したとこ
ろ，「期限内に退去していただければ，残っている物はこちらで

処分するので，すべて置いていってかまいませんよ」とのことでした。鵜飼弁護士は，ホームセンターで新しく家具や家電を一式揃えて，新しいアパートに設置しました。また，部屋着，下着，食器などの生活用品も一通り揃えました。

　自宅からアパートに移る当日の朝，鵜飼弁護士はEさんを迎えに行きました。鵜飼弁護士は，息子のために自宅を残したEさんの両親の気持ち，60年近くここに住んでいたEさんの気持ちに思いを馳せて，玄関のチャイムを押しました。すると，Eさんは「先生，さあ行きましょう！」と，ニコニコしながら出てきました。その姿を見て，鵜飼弁護士は思わず涙を流しそうになりました。

X＋1年11月

　鵜飼弁護士はEさんの新しい生活をサポートするため，ケアマネジャーの杉並さん，訪問看護の看護師さんと一緒に，Eさん宅で協議しました。また，行政が補助金を出している警備会社による，高齢者見守りサービスの緊急ボタンを設置しました。服薬は，病院から処方箋を薬局へ直接送ってもらい，薬局から薬を配達してもらうサービスを利用することにしました。

　Eさんの生活費は，毎週，鵜飼弁護士が訪問して，現金（1,000円札10枚）を手渡しすることになりました。食事は，栄養のバランスを考えて，高齢者向けの宅配弁当サービスを利用することにしました。

X＋1年12月①

　鵜飼弁護士は家庭裁判所に対して，保佐人業務の初回報告を提出しました。

Question 3-12 ｜ 家庭裁判所にはどのようなことを報告するのでしょうか？

Answer

成年後見が開始してから数カ月後に，まず初回報告をしなければなりま

せん。初回報告の後は，毎年1回，定期報告をすることになります。

　初回報告では，新たに発見した財産（預金，証券，保険など），新たに発見した債務（未払いのまま放置されていた請求書など），収支計画の修正案などを中心に報告します。定期報告では，1年間の収支状況（家計簿のようなイメージです）を中心に報告します。詳しくは家庭裁判所のWEBサイト*3をご覧ください。

　これだけ聞くと簡単にできそうに思うかもしれませんが，膨大な量の請求書や領収書を整理する必要があるので，書類整理や数字が苦手な方は，苦労するかもしれません。

COLUMN 5——関係者会議が開きやすくなる?!

　いわゆるコロナ時代となり，対人援助の場面でもさまざまな苦労が増えましたが，一方で，プラスに働きそうな場面も感じています。

　たとえば，成人の障害者の方が重層的な問題に直面しているとき，福祉行政担当者，医療介護関係者，就労支援関係者，弁護士などが集って「関係者会議」を開くことがありますが，これだけの関係者の日程を調整して集まることはとても大変でした。また，なかなか集まることができないため，誰がリーダーシップを発揮するか曖昧となり，ときには問題がたらい回しになることもありました。

　ところが，コロナ禍でオンライン会議が普及したことにより，これを利用すれば「関係者会議」を開くことも容易になりました。そのため，今後は，より円滑で総合的な支援が提供できるようになると期待しています。

＊3　https://www.courts.go.jp/tokyo-f/saiban/kokensite/koukennin_sennin/index.html

X+1年12月②

　鵜飼弁護士は，F氏が財産隠しをする可能性を考えて，仮差押えを検討しました。しかし，F氏の自宅には抵当権がいくつも付いていたことから，売買代金の送金先の預金口座を仮差押えする手続きをとりました。しかし，裁判所を通じて預金口座の銀行に照会をかけたところ，残高はゼロであるとの回答がありました。そのため，仮差押えの手続きは取り下げて，断念することにしました。

Question 3-13　仮差押えとはどのような手続きでしょうか？

Answer

　お金を取り戻すために裁判を起こしても，裁判は何カ月も（場合によっては何年も）かかるため，その間に財産を第三者へ譲ったり，隠してしまうおそれがあります。そのような場合，せっかく裁判に勝っても，お金を取り戻すことはできません。そこで，裁判が決着するまでの間，財産を勝手に動かせないようにするため，民事保全法という法律によって，「仮に財産を差し押さえる＝仮差押え」という手続きをとることができます。

　鵜飼弁護士は，仮に差し押さえるF氏の財産として，不動産と預金を検討しました。不動産にはすでに他の人が抵当権（優先的に回収できる権利）が付いていたので，財産としての価値がなく，仮差押えしても意味がありません。一方，預金も残高がゼロであれば，仮差押えをしても意味がありません。そのため，鵜飼弁護士は，仮差押えを断念しました。

X+2年1月

　鵜飼弁護士はEさんの保佐人として，EさんのF氏に対する自宅不動産売却代金（1,750万円），および過去に貸した金銭（750万円）の返還を求める民事訴訟を提訴しました。

Question 3-14　原告（Ｅさん側）はどのような理由で裁判を起こしたのでしょうか？

Answer

　まず，売買代金については，「預かっておく」という理由でＦ氏へ渡しているので，寄託契約（民法657条）が成立し，寄託契約はいつでも返還を求めることができるので（民法662条１項），その規定に基づき返還請求を行っています[*4]。また，過去に貸した金銭については借用書がないので詳細は不明ですが，Ｅさんの通帳の引き出し記録から，約３年間で1,200万円のお金が無くなっていることが判明しています。一方，その間のＥさんの生活費は約450万円と推計できたので，鵜飼弁護士は，その差額（750万円）をＦ氏に貸したと推計して，請求金額を決めました。

COLUMN

6 ――虐待防止法の位置づけ

　事例を見て分かるとおり，高齢者でもあり障害者でもあるＥさんは，いわば経済的虐待の被害に遭っています。
　ところで，読者の皆さんは，「高齢者虐待防止法」「障害者虐待防止法」という法律を聞いたことがあるかと思います。これらの法律は，その名のとおり虐待を防止するものですが，実は，実際に虐待被害が発生したときの処罰や賠償に関する規定はありません。そのため，実際に虐待被害が生じた場合，民法や刑法といった一般的な法律によって対処することになります。

　[*4]　もし，「預けたお金を使ってもいいけど，使った分は補填して返してください」という合意であれば，消費寄託契約（民法666条１項）となり，単純に「お金を貸します」という合意であれば，消費貸借契約（民法587条）となり，何の合意もないのに勝手にお金を持ち出したのであれば，不当利得返還請求（民法703条）となります。

X+2年2月

第1回目の裁判が開かれました。被告（F氏）側は弁護士を頼んで，次回以降に詳しい反論を行うと述べました。

X+2年4月

第2回目の裁判が開かれました。被告側の猫田弁護士は，準備書面を提出して，①お金を借りたことは認めますがその金額は350万円です，②売買代金1,750万円を預かっていることは認めます，③ただし，これら預かっているお金は返済しなくてもよいと債務免除されています，と主張しました。

そして，証拠として「債務免除証書」を提出しました。「債務免除証書」には，Eさんの直筆らしい文字で氏名が書かれていましたが，「印」の部分には印鑑は押されておらず，代わりにEさんの直筆らしい文字で，苗字だけ書かれていました。

Question 3-15 被告側の主張はどのような意味があるのでしょうか？

Answer

被告側は，通帳や売買契約書類などの客観的証拠から，F氏がEさんのお金を受け取ったことは否定できないので，そこはあえて争わず（ただし，借用書がないことを逆手にとって，借りたお金は低く見積もっていますが），「返さなくてよいと言われた＝債務免除」という作戦に出てきました。

なお，仮に「債務免除証書」にサインしたのが，家庭裁判所が保佐開始を正式決定した後であれば，保佐人（鵜飼弁護士）によって取り消すことができます（民法13条）。ところが，F氏は，正式決定の前にEさんに近づき，「債務免除証書」にサインさせていますので，保佐人は取り消すことができないのです。

Question 3-16 「債務免除証書」に印鑑が押されていなくても有効なのでしょうか？

Answer

　契約書類は法律上,「印鑑を押さないと有効ではない」と定められているわけではありません。本人が契約内容に同意していれば,契約書に印鑑が押してなくても有効なのです（口約束でも契約は有効です）。一方,契約の有効性が争いになる場合には,印鑑が押してあるかどうかが重要な意味を持ちます。一般的に,契約書類には印鑑が押してあるので,印鑑を押していない契約書類は疑いが生じるのです。

　ただし,印鑑は,文房具店等で買ってくれば誰でも押すことが可能ですので,印鑑が押してあれば本人が押したと100％断定できません。他人が勝手に印鑑を押して契約書類を作れば,私文書偽造罪（刑法159条1項）になりますが,それでも平気で偽造する人もいます。そのため,不動産売買など重要な契約書類は,必ず実印と印鑑登録証明書が求められます。印鑑登録証明書は本人でないと取得できない運用になっているので,印鑑登録証明書が付いて実印が押されていれば,それは本人が押したに違いない（まさか偽造ではない）ということになるのです。

　以上を踏まえると,「債務免除証書」は,外見上は怪しさ満点ですが,まずは,Eさん本人が自分でサインしたかどうかを確認する必要があります。

X+2年5月

　　鵜飼弁護士がEさん宅を訪問して「債務免除証書」を見せましたところ,「あー,Fちゃんから書いてって頼まれて書きました」と答えました。鵜飼弁護士は,「あー,そうだったんだ！　これを書いちゃうと,Eさんの大事なお金が返って来ないかもしれないんだけど？」と尋ねたところ,「うーん,それは困るな……Fちゃんがイジメられて助けてって言うから,とりあえず書いちゃったけど……」と不安そうな顔をしました。

　また，鵜飼弁護士は，「Eさんは家を売ってしまったから，税金とかいろいろと500万円くらい払わないといけないんだけど，それでもFさんにお金をあげてしまってもいいのかな？」と尋ねたところ，「え！　そんなにお金かかるなんて聞いていません！」「お金返してもらってください！」と，驚きと困惑の表情でした。

X＋2年6月

　第3回目の裁判が開かれました。鵜飼弁護士は，「債務免除証書」について，①意思能力が欠けているから無効，②公序良俗に反するから無効という理屈に基づいて，準備書面を提出しました。それを裏付ける証拠として，Eさんの診療記録（カルテ）を病院から取り寄せて提出しました。

Question 3-17　鵜飼弁護士の主張にはどのような意味があるのでしょうか？

Answer

　債務を免除するという行為自体が法律的に無効である，という主張です。そのための理論構成として，2点考えました。

1．意思能力

　契約を結ぶ，債務を免除するなど，法律的に意味のある行為をするときには，その内容を理解していることが前提となります。そのため，内容を理解する能力（法律的に「意思能力」と言います）が欠けている場合には，たとえ契約を結んでも無効となります（民法3条の2）。

　高齢者や精神障害がある人の意思能力の判断についての具体的な判断要素は，精神医学上の評価だけでなく，行為者の年齢，行為の前後の言動や状況，行為の動機・理由，行為に至る経緯，行為の内容・難易度，行為の効果の軽重，行為の意味についての理解の程度，行為時の状況，とされています[5]。また，裁判例の多くは，おおむね，本人に有利であると思わ

---

[5]　澤井和子（2004）「意思能力の欠缺をめぐる裁判例と問題点」『判例タイムズ』1146号，96頁

れる取引は有効と判断されているのに対し，取引を有効にすると本人に不利になる事案では，その多くが取引の効力を否定していると指摘されています。たとえば，東京高裁平成11年12月14日判決は，脳障害を有する人が，銀行との間で複雑でリスクの高い金銭消費貸借契約を結んだ事案で，その内容を理解して契約を締結するかどうかを的確に判断するだけの意思能力はなかったとして，契約を無効と判断しています。

　Eさんの例では，①長年統合失調症を患っていること，②助けてほしいと誘導してサインさせたという経緯，③重要な前提事実（多額の課税や保険料を払う必要がある点，自宅を取り戻す機会を失う点，将来の生活設計に重大な影響が生じる点）を告げられていないため，債務免除が招く結果の重大性についての理解していないこと，④重要な意思決定にもかかわらず，すでに介入している弁護士や家庭裁判所を無視していること，などの事情があります。そこで鵜飼弁護士は，これらの事情をもとにして，Eさんは「債務免除証書」にサインした際に意思能力を欠いていたから無効である，と主張しました。

２．公序良俗違反

　民法90条は，「公の秩序又は善良の風俗に反する法律行為は，無効とする」と定めています。たとえば，「一生奴隷になる」という合意を結んだとしても，そのような合意を社会的に放置すべきではないので，無効となります。また，他人の無思慮・窮迫・軽率・無経験に乗じて暴利をむさぼる契約も，公序良俗違反の一種として無効となります。たとえば，大阪高裁平成21年8月25日判決は，85歳の高齢者が土地を売却した事案で，認知症等によって事理弁識能力が著しく低下していて迎合的に行動する傾向があったこと，相手はそのことを知っていたこと，土地を売却する必要性も合理性もなく，適正価格の6割という高齢者に不利な内容であることなどから，公序良俗に反するとして，売買契約を無効と判断しました。

　Eさんの例では，前記①～④の事情に加えて，⑤債務免除によってF氏は少なくとも2,100万円を受け取る一方で，500万円近い税負担をEさんのみが負担する，という経済的な不均衡さもあります。そこで鵜飼弁護士

は，これらの事情をもとにして，Ｅさんに債務免除させることは暴利行為であって公序良俗に反するから無効である，と主張しました。

X＋2年8月

第4回目の裁判から，弁論準備手続（Q1-30参照）になりました。裁判官から，「この裁判の一番の争点は，債務免除の際にＥさんがどのような精神状態であったかという点です。今後の審理は，主治医に対する書面尋問と，Ｅさん本人の尋問ということでいかがでしょうか？」と提案がありました。

Question 3-18 | 書面尋問とはどのような手続きでしょうか？

Answer

裁判では，重要な人物は法廷で証人として尋問を受けて，裁判官が直接争点を判断することが望まれます。しかし，医師の場合，専門的な見地から証言することになるので，あえて法廷で証言する代わりに書面で詳しく回答しても，裁判官は争点を判断することが可能です。また，医師は多忙なので，わざわざ法廷まで来てもらうのは躊躇うこともあります。そのため，通常の民事裁判では，医師の尋問は，質問項目を送って書面で回答してもらうという「書面尋問」（民事訴訟法205条）で行われることが一般的です[6]。

なお，この書面尋問は，ハラスメントによるうつ病罹患が問題となるような裁判において，カウンセリングを実施している臨床心理士や公認心理師に対して行われることもあります。

---

[6] 世間の耳目を集める医療事故や薬害公害事件では，書面尋問ではなく，法廷で長い時間をかけて証言してもらうこともあります。

X＋2年10月

　　第5回目の裁判（弁論準備手続き）では，書面尋問として主治医へ送る質問事項について原告側，被告側から提示があり，それを裁判官が集約して，主治医へ送付することになりました。

X＋2年12月

　　主治医から裁判所へ回答が届きました。そこには，「健常な成人と比較すると，Eさんは重要な決定事項について十分な判断能力を備えているとは言い難い」「Eさんは統合失調症の影響によって自分が不利益になることをよく理解せずに，相手に迎合してしまう傾向にある」「Eさんが債務免除をした際，Eさんは服薬を中断しており，病状が安定していたとは言い難い」などが記載されていました。

X＋3年1月

　　第6回目の裁判（弁論準備手続き）が開かれました。裁判官から，主治医の書面尋問の結果を踏まえて，ある程度の金銭を支払うことで話し合いによる解決（和解）ができないかと，原告側と被告側の双方に提案がありました。そこで，次回までに，双方は和解について検討してくることになりました。

X＋3年2月

　　第7回目の裁判（弁論準備手続き）が開かれました。鵜飼弁護士は，和解するとしても2,000万円が限度であると答えました。一方，猫田弁護士は，お金が残っていないので到底払えないと答えました。そのため，話し合いによる解決は決裂し，次回は原告（Eさん）の本人尋問が行われることになりました。また，尋問に先立ち，原告側は，簡潔な内容の陳述書（Q4-20参照）を提出することになりました。

X＋3年5月

　　第8回目の裁判が開かれました。Eさんは法廷の証言台に座り，まず，鵜飼弁護士から質問（主尋問）が30分程度行われました。鵜飼弁護士はEさんに対して，両親が亡くなってからどのよ

うに生活してきたか，自宅を売ることになった経緯，Ｘ＋１年５月に「債務免除証書」を書いた経緯，現在の生活状況などの事実関係を質問しました。また，事実関係に加えて，長年住み慣れた家を離れることになった気持ち，将来の生活への不安など，Ｅさんの感情についても質問しました。Ｅさんは，ときおり早口になりながらも，自分の思っていることを素直に表現しました。

　次に，猫田弁護士から質問（反対尋問）が30分程度行われました。猫田弁護士はＥさんに対して，Ｆ氏のことを嫌っているわけではないのではないか，「債務免除証書」の中身を理解できたのではないか，売買代金の半分（1,750万円）があれば生活できるのではないか，この裁判はＥさんの本意ではなく鵜飼弁護士が主導して進めているのではないか，といった視点から（意地悪な）質問をしました。Ｅさんは，ときおり言葉に詰まりながらも，お金を返してもらわないと困ると，何度も力強く答えました。

　最後に，裁判官からＥさんに対して，この裁判を続けることはＥさんの本意であるか再度確認したところ，Ｅさんは「はい」と答えました。

X＋3年8月①

　裁判所から判決が出されました。

> 「主文
> 1　被告は，原告に対し，金2,100万円およびこれに対するＸ＋２年１月１日から支払い済まで年３％の割合による金員を支払え。
> 2　原告のその余の請求を棄却する。
> 3　訴訟費用は，これを25分し，その21を被告の，その余を原告の負担とする。
> 4　この判決は第１項に限り仮に執行することができる。」

　鵜飼弁護士は判決文を受け取って確認したところ，理由として次のような内容が書かれていました。

◆被告が原告から借りた金銭は，被告が認める範囲（350万円）
と認定する。それ以上の部分について，貸し付けたことを裏
付ける証拠が存在せず，預貯金の減額幅と生活費相当分から
直ちに算定することも困難というべきである。

◆被告が原告から預かっている金銭は，原告の主張どおり1,750
万円と認定する。寄託契約は解除されたので，被告は原告に
対して同金銭を返金する義務を負う。

◆2,100万円について，返済を免除する旨の原告の意思表示は，
①原告が統合失調症に罹患しており，恒常的に高度な法律行
為を理解することが困難であったこと，②突然訪問した被告
によって，被告が準備した「債務免除証書」へ署名してお
り，その内容を十分検討する時間を与えられていないこと，
③債務免除が招く結果や不利益について，被告が理解してい
るとは言い難いことの各事情に照らせば，的確に判断するだ
けの意思能力は存在しなかったので無効である。

◆公序良俗についても付言すると，上記の事情に加えて，被告
が2,100万円という多大な利益を受ける一方で，原告は租税負
担等を被るだけであって，著しく経済的均衡を欠くことに照
らせば，返済を免除する旨の原告の意思表示は，公序良俗に
反し無効である。

Question
3-19　裁判の判決はどのように告げられるのでしょうか？

Answer ─────────────────────────────

　裁判の判決では，法廷で裁判長が，結論部分である主文を読み上げま
す。どうしてそういう結論になったのかという理由部分は，読み上げるの
を省略することがほとんどですので，判決は1分ほどであっさり終了しま
す。

Question 3-20 ｜ 主文の内容はどのような意味でしょうか？

Answer

　一番核となる部分は，「被告は，原告に対し，2,100万円を支払え」という支払命令です。それ以外の細かい点について説明します。

◆ 年３％というのは法律で定められた利息です。元金が2,100万円ですから，支払わないと，年間63万円ずつ増えていくことになります。

◆「その余の請求を棄却する」とは，もともと2,500万円の請求だったけれども，そのうち400万円は認めらない，という意味です。

◆ 訴訟費用というのは，勘違いされやすいのですが，弁護士費用のことではなく，主に印紙代のことです。2,500万円の裁判を起こすとき，9万5,000円の印紙が必要となります。この21/25を被告が負担せよ，ということです。実際には，あえて訴訟費用を相手に請求しないことも多いです。

◆「仮に執行」というのは，もし高等裁判所へ控訴されて引き延ばされても，高等裁判所の結論を待たずに，強制執行（Q3-24参照）することは可能，ということです。

X＋3年8月②

　　鵜飼弁護士は，EさんがF氏へ貸した金額についてこれ以上の証明は難しいと判断し，こちらから控訴しないことに決めました。そして，判決書を受領してから２週間が経過したので，裁判所に問い合わせたところ，被告側も控訴していないことが分かりました。そのため，判決はこれで確定することになりました。

Question 3-21 ｜ 控訴とはどのような制度でしょうか？

Answer

　地方裁判所（第１審）の判決について，結果に不服がある側は，高等裁判所に対して「納得できないから再度検討してほしい」と，不服申し立て

をすることができます*7。これを「控訴」と言います*8。控訴は，判決書を受領してから2週間以内に行わなければなりません。今回の判決では，原告側は2,500万円を請求して2,100万円が認められたわけですから，残り400万円の請求について控訴することができます。一方，被告側は，2,100万円の支払い命令について控訴することができます。

Question 3-22 ｜ 控訴しても判断が覆ることはあるのでしょうか？

Answer

　司法統計によると，控訴して判断が覆る割合は，おおよそ15％とされています（おおよそ30％が和解で終了，おおよそ45％が判決変わらず，その他取り下げ等）。この割合は，サイコロを振って狙った数字が出る確率（1／6 ≒ 17％）に似ていますので，まったく勝負にならないわけではありませんが，簡単に勝てるわけでもなく，控訴して勝負するかどうか悩むところです。また，控訴するときには印紙も必要となりますし，弁護士に依頼している場合は別途着手金も必要となりますので，経済的な負担も考慮しなければなりません。

　ちなみに，最高裁判所で判断が覆るのはおおよそ1％という狭き門ですので，ほぼ勝負になりません。したがって，裁判は「3審制」と言いますが，実質的には「2審制」とも言えます。

X＋3年9月①

　　鵜飼弁護士は被告側の猫田弁護士に対して，「控訴せず判決が確定したので，判決どおりに支払ってください」と通知を出しました。すると，猫田弁護士から，「F氏の代理人を辞任しましたので，今後はお取次ぎできません」と返事がありました。

＊7　第1審が簡易裁判所の場合，控訴すると地方裁判所で審理されます。

＊8　高等裁判所の結果にも不服がある場合，最高裁判所に対して不服申立てができます（「上告」と言います）。

Question 3-23 | 猫田弁護士はなぜ辞任したのでしょうか？

Answer

　自分の依頼者が裁判所の判決に従わない場合，代理人である弁護士はとても困ります。依頼者に対しては，「払ったほうが良いですよ」とアドバイスしますが，それでも耳を傾けてくれない場合や，お金がなくて支払うことができない場合，弁護士としてはそれ以上支援できることはありません（自己破産するなら別ですが）。

　Ｆ氏がどのような理由で払わないのか分かりませんが，猫田弁護士としてはもう支援できないと考えて，辞任することになりました。ちなみに，弁護士と依頼者との契約は委任契約となりますので，どちら側からもいつでも解約（民法651条1項）することができます（その際の費用清算や損害が発生した場合の賠償は，別問題となります）。

X＋3年9月②

　Ｆ氏が自ら払う素振りが見えないため，鵜飼弁護士は，Ｆ氏の財産調査を始めることにしました。鵜飼弁護士がＦ氏の自宅の不動産登記を確認したところ，依然として抵当権が付いていました。そのため，自宅を差し押さえることを断念して，Ｆ氏の預貯金を見つけることを目標として，まず「第三者からの情報取得手続」をとることにしました。鵜飼弁護士は，3大メガバンク，ゆうちょ銀行，Ｆ氏の自宅付近に支店がある地方銀行，信用金庫など，計15金融機関をピックアップして照会をかけました。

Question 3-24 | 裁判で勝っても相手が払わない場合はどうしたらよいのでしょうか？

Answer

　読者の皆さんは，「裁判所が支払い命令を出したのだから，実際に相手が支払うまで，裁判所が責任をもって対処してくれるのではないか？」と

疑問をもったかもしれません。ところが，法律の制度では，長い時間と費用をかけて裁判で勝訴しても，相手が支払わない場合は別途，取り立て（強制執行）をしなければなりません。何もしないでも，裁判所がサービスで取り立ててくれるわけではないのです。

　しかもこの強制執行は，こちら側から相手の財産を探し出して，裁判所に「この財産を差し押さえてください」と申し立てなければなりません。この財産調査がとても難しいのです。不動産の場合，自宅住所が分かっていればその登記を取ってみて所有者が本人であるか確認できますが，預貯金の場合は，どこの金融機関のどの支店に口座を持っているか，通常は分かりません。

$Q_{uestion}$ 3-25 ｜ 「第三者からの情報取得手続」とはどのような制度でしょうか？

A_{nswer}

　民事執行法という法律に基づいて，裁判所から金融機関へ照会をかけて，預貯金の有無や残高を調べる制度です。とても便利な制度に見えますが，どこの金融機関へ照会をかけるか，こちら側で選ばなければなりません。信用金庫やネットバンクを含めると日本全国には100以上の金融機関がありますし，照会には費用もかかるので（１金融機関当たり4,000円近く），すべての金融機関へ照会をかけることは困難です。

X＋3 年10月

　　金融機関から照会回答結果が届き，ゆうちょ銀行（残高２万円），〇〇銀行（残高０円），□□信用金庫（残高400万円）の各口座が見つかりました。鵜飼弁護士はすぐに，□□信用金庫の口座を差し押さえる手続きをとりました。

Question 3-26 財産を調査する方法はほかにも何かありますか？

Answer

二つの方法が考えられます。

1．興信所

興信所（いわゆる探偵業者）は，独自の方法で金融機関の口座を調査してくれます（インターネットで「資産調査」「興信所」と検索すると，たくさんの業者が出てきます）。料金体系はさまざまですが，ある業者では1口座当たり10万円で，口座が見つからなければ返金するという，成功報酬制度のようです（ただし，残高1円であっても10万円かかるので，安易に利用できません）。

2．財産開示手続き

裁判所から債務者（この場合F氏）を呼び出して，財産状況を明らかにするよう求める法的手続きです。出頭しなかったり虚偽の内容を述べたりした場合は，6カ月以下の懲役または50万円以下の罰金が科されます（民事執行法第213条第1項）。ただし，違反事案について必ず罰則が科されるわけではないため，相手に開き直られてしまうと効果はありません。

X＋4年1月

　　口座差押さえによって400万円を回収した後，鵜飼弁護士は，裁判所へ財産開示手続きを申し立てました。F氏側から裁判所へ「財産目録」の提出がありましたが，そこにはすでに判明している口座と不動産の記載があるだけでした。

　　当日，F氏は裁判所へ出廷しました。裁判官から説明を求められたF氏は，「他には口座はありません」「Eさん以外にもお金を返さなければならない人が3人いて，その総額は3,000万円以上です」「収入は年金とアルバイトで，月18万円くらいです」と力なく答えました。鵜飼弁護士から，「Eさんから預かったお金は何に使ったのですか？」と尋ねたところ，F氏は「すみません

……税金の滞納や，借金の返済や，病院代に使ってしまいました……」と答えました。鵜飼弁護士は，「本当にそれだけですか？」と質問したところ，Ｆ氏はしばらく沈黙した後，「競艇にも使いました」と答えました。

　鵜飼弁護士は，「Ｅさんにとって，幼馴染のＦさんは唯一の友人なので，横領罪で刑事告訴するということは本来やりたくないのですが。返す当てはありますか？」と質問したところ，「はい，もちろんです。毎月１万円ずつでも返しますから，どうか許してください……」と答えました。

　鵜飼弁護士はＥさんと面談して，Ｆ氏が裁判所で述べた内容を伝えました。Ｅさんは，「先生，もういいですよ。ありがとうございます」と言うので，鵜飼弁護士は，「え？　もういいんですか？」と尋ねたところ，「はい，Ｆちゃんは友達だからさあ，もう許してあげてもいいよ」と笑顔で答えました。

　鵜飼弁護士は，「Ｅさんのお気持ちは分かりました。ただ，Ｅさんのこれからの生活も大事だから，家庭裁判所と相談して，どうするか考えてみますね」と告げました。

 このままＦ氏が払わないとどうなるのでしょうか？

Answer————————————————————————
　ありうるパターンを検討してみます。

1．自己破産

　Ｆさんは自宅不動産を所有していますが，その価値が負債を下回っている場合，支払不能なので自己破産を申し立てることができます（Q2-10参照）。ただし，「破産者が悪意で加えた不法行為に基づく損害賠償請求権」は，たとえ自己破産を申し立てたとしても，最終的に免責されず，支払い義務は残ったままとなります（破産法第253条１項２号）。ここでの「悪意」とは，詐欺や横領などの犯罪に類する悪質行為によって相手に損害を

与えた場合です。この制度が設けられている理由は，悪いことをして相手に損害を与えても，自己破産すれば返さなくてよいことになってしまい，社会のモラルが崩壊するからです。

　Ｆ氏の場合は，Ｅさんから預かっていたお金を使い込んでしまっていますので，横領と評価されても仕方ないため，「悪意」として免責されない可能性が高いです。したがって，たとえＦ氏が自己破産したとしても，Ｅさん側は，依然としてＦ氏に対して請求したり，強制執行したりすることができます。

２．Ｆ氏が亡くなった場合

　Ｆ氏が亡くなり，配偶者や子どもなどの相続人がいる場合，負債も相続人が引き継ぐことになります。ただし，相続人全員が相続放棄をして，誰も相続人がいなくなってしまった場合，家庭裁判所が選任する「相続財産管理人」が相続財産の処分を行います。そのなかで，Ｅさん側は，プラスの財産が残っていればいくらか配当を受けることになりますが，全額戻ってくることは期待できないでしょう。

X＋4年2月

　　鵜飼弁護士は家庭裁判所と今後の方針について協議しました。鵜飼弁護士はＥさんの言葉を家庭裁判所へ伝えつつ，Ｆ氏から毎月1万円の返済を受ける，大きな事情変更がない限り差押えなどの法的措置は控える，との方針案を伝えました。すると，家庭裁判所は，保佐人である鵜飼弁護士の判断に任せますと回答しました。

X＋4年3月

　　鵜飼弁護士は杉並さんへ顛末を報告して，Ｅさんが今後もアパートで自由に生活できるよう協力を仰ぎました。杉並さんは通院介助と外出介助を提案して，早速手配しました。

　　Ｅさんのアパートには，ヘルパー，看護師，鵜飼弁護士が毎週訪問しているので，Ｅさんは，ほぼ毎日誰かとおしゃべりを楽し

んでいます。また，Eさんは，通院，楽器教室通い，買い物など，外出も楽しんでいます（ときおり，Eさんは財布を忘れてタクシーに乗ってしまい，警察から鵜飼弁護士へ連絡が来ますが，鵜飼弁護士は「ご愛敬」として，Eさんを迎えに行っています）。

　このように，Eさんに関わっている支援者たちの間には，言葉に出さなくても，それぞれ専門分野を活かしてEさんの平穏な日々を守ろうという連帯感が漂っており，みんな，Eさんの笑顔から元気をもらっています。

COLUMN 7──総合的支援のなかでの弁護士の役割

　後見人や保佐人に就任して一番感じるのは，「支払いを確約することで，さまざまなサービスをスムーズに受けることができる」という点です。

　たとえ本人がお金を持っているとしても，認知症などで金銭管理ができない状態の場合，請求書を送っても開封してもらえなかったり，集金に行っても現金がどこにあるか分からなくなっていたり，銀行でお金をおろしておいてもらうように依頼しても，実行できないことがあります。そうすると，介護関係者も医療関係者もお金の心配が常に頭をよぎり，サービスを提供することについて，気持ちの面で二の足を踏むかもしれません。また，支援者の方が直接お金にタッチすると，後で責任問題になることが頭をよぎるかもしれません。

　そこで，弁護士が後見人として間に入ることで料金支払いが確約されるため，余計な心配をすることなく，支援者の皆さんにはサービス提供に専念してもらえることになります。それぞれが専門分野を活かして，一丸となってチームで支援に当たることを実感する瞬間です。

▶ まとめと弁護士へリファーする際のポイント ◀

◎高齢者や障害者に対する経済的虐待は，一日でも早く対処しないと，被害回復が困難になります（成年後見や裁判などあらゆる法的手段を講じても，被害回復できないこともあります）。

◎特に，自宅を持っている高齢者や障害者は不動産業者に狙われやすく，一度自宅を失ってしまうと，お金があってもアパートを借りることが困難です。

◎何か不審な雰囲気を感じても，対人援助職の皆さんは，相手に「お金のこと」や「財産のこと」を質問するのは躊躇われると思います。一方，弁護士であれば，お金や財産のトラブルに慣れていますし，職業的な守秘義務や倫理義務を負っていますので，財産を守るために積極的に行動することができます。

◎そのため，「誰か怪しい人が出入りしている」「生活状況がおかしい」など不審な雰囲気を感じたら，躊躇なくすぐに弁護士へリファーしてください。

■━━━━━━━━━━━━━━━━━━━━━━━━━━━■

対人援助職の方々からのコメント

■━━━━━━━━━━━━━━━━━━━━━━━━━━━■

●日下浩二さん●

中野共立病院地域包括連携室医療ソーシャルワーカー，
居宅介護支援事業所ケアマネジャー

【家族信託制度を勧めたほうがよいケースや，ケアマネジャーの法律的責務について教えてください】

　患者さんの財産管理の問題に関わると，患者さんのご家族が成年後見制度の運用の厳格さを嫌い，任意で財産管理のような対応をされているケースにまま遭遇します。本来は，成年後見制度を勧めたほうがよいと思いますが，もちろん無理強いはできません（地域権利擁護事業も一定制約があり，利用ができない場合があります）。

　患者さん本人とご家族の双方の立場をできるだけ守る意味でも，家族信託制度の活用も一案とも思うのですが，結果トラブルとなった場合のことを考えると，自信をもってお勧めすることはできていません。家族信託を活用したほうが良いと思われるケース像や，実際に活用する際の留意点について教えてください。また，ケアマネジャーとしてそのようなケースに対処した場合，家族信託や成年後見制度を勧める法律的な責務があるのでしょうか？

⇒筆者からのコメント

　Q3-1で説明しましたように，家族信託は，家庭裁判所を介さず，契約によって財産管理を行うものです。そのため，財産管理を担う「受託者」には，①本人だけでなく親族全体からも信頼されていること，②長期間にわたって役割を担えること（健康状態が良好であること），②お金の計算

や事務手続きが苦手ではないこと，が求められます。これらの条件が揃っていれば，家族信託の利用をお勧めしてみてください。

　一方，成年後見制度が敬遠される理由として，一度始めると簡単に中止できないこと，家庭裁判所へ定期報告が必要なこと，親族以外の第三者が財産管理を担う可能性があることなどが挙げられます。言い換えれば，これまで自由に都合よく財産を動かしていた親族からすれば，避けたい事態とも言えます。

　そのため，親族による使い込みが疑われる場合や，親族間で意見対立が生じているような場合は，家族信託ではなく，成年後見制度の活用を検討してみてください。ただ，親族に対して病院側から強く言えないのが現実だと思いますので，そのような場合は，地域包括支援センターなどと連携して，自治体主導による成年後見申立てを検討してください。

　また，ケアマネジャーに家族信託や成年後見制度を勧める法律的な責務はありませんが，高齢者虐待防止法7条2項は，経済的虐待を受けている高齢者を発見した場合，市町村へ通報する努力義務を課しています。いずれにせよ，弁護士と連携しながら対処することが無難です。

【なかなかご自身では法テラスの手続きができない場合，どうしたらよいでしょうか？】

　患者さんの生活状況を尋ねていると，多重債務を抱えていたり，家庭内問題を抱えていたり，明らかに法律家の支援が必要なケースに遭遇することがあります。ご本人の経済状態を考えると法テラスを紹介することになりますが，ご本人はパワーレスの状態であったり，事務的なことがとても苦手だったりすると，なかなかご自身で法テラスに電話をかけて予約したり，面談に出向くことができません。そのような場合，ご本人の背中を押しても，実際は利用につながらなかったり，中断してしまうことがほとんどで，悩んでいます。

　そこで，法テラスの申し込みの段階から支援を受けられると大変心強いのですが，このような場合も，弁護士さんに相談や支援をお願いできるの

でしょうか？

⇒筆者からのコメント

　高齢や障がいなどの事情で，法テラスや弁護士事務所に赴くことが難しい場合，福祉機関等の支援者からの申し込みで，弁護士が自宅や医療・介護施設まで出張して法律相談を行う「特定援助対象者事業」という制度があります（詳しくは法テラスの WEB をご覧ください）。そして，その場で弁護士が一緒に，法テラスの申し込み書類の作成を手伝ってくれます（住民票など提出書類も教示してくれます）。

　また，Q1-1で説明しましたように，法テラスに直接相談すると，弁護士を選ぶことはできません。一方，まず弁護士を選んで，その弁護士を通じて法テラス利用を申し込むことができます。法テラスを利用するためには，その弁護士が法テラスと契約している必要がありますが，福祉分野に取り組んでいる弁護士であれば，まず間違いなく法テラスと契約しています（予約の際に，念のため法テラスが利用できるか尋ねてみてください）。このようにすれば，皆さんが信頼している弁護士に依頼して，かつ，法テラスを利用することが可能です。

　ちなみに，弁護士としては，普段からつながりのある方からの要請であれば，柔軟に対応しようと考えますので，対人援助職の皆さんも，普段から弁護士とつながっておくことをおススメします。

第4章 職場でのパワハラによる自殺未遂

あらすじ

　上司から過酷なパワハラを受け，自殺未遂をしてしまった教育産業で働くGさんが，臨床心理士の練馬さんの支援を受けながら，裁判で上司と会社に対し闘い抜く事例です。この事例を通じて，労災の仕組み，裁判での証明方法，法廷での証言の様子，和解の仕組みなどについて説明します。

生活歴

　Gさん（30代，女性）は関東地方のある県で生まれ育ち，地元の高校と大学を卒業後，全国展開する個人指導学習塾の運営会社（C社）に正社員として採用され，関東事業本部に所属して約12年間働いています。Gさんは控えめな性格ですが，こつこつ真面目に仕事に取り組むタイプで，2年前から比較的大きな教室の教室長を任されています。現在Gさんは，実家で両親と共に生活しながら通勤しています。

Gさんの勤務状況

　教室長の仕事は，普段は教室でアルバイトやパートスタッフの勤怠管理や教育を行うことです。Gさんは，経験と真面目な仕事ぶりからエリアマネージャー補佐に任命され，週に1〜2回，関東事業本部のオフィスに出勤して，営業戦略会議に出席したり，さまざまな報告資料を作成したり，エリアマネージャーをサポートする仕事も担っていました。また，教室のスタッフが病気など

で急遽休むときは，Gさんが穴埋めのために休日返上で出勤することもありました。

C社の就業規則では，Gさんは「管理監督者」として扱われ，教室長手当（月3万円）が支給されていましたが，残業代は支給されていません。

Question 4-1　「管理監督者」になると法律的にどのような扱いになるのでしょうか？

Answer

読者の皆さんは，「管理職になったら残業代をもらえない」と，聞いたことはないでしょうか。これは，労働基準法41条に「管理監督者には労働時間規制を適用しない」と定められていることが根拠となっています。

管理監督者の制度は，会社側にとっては，どれだけ残業させても残業代を支払わなく済むという，「夢のような制度」かもしれません。しかし，会社側が「課長級以上は管理監督者である」と決めれば労働時間規制が適用されないとすると，悪知恵が働く会社は，社員全員を課長級に任命するでしょう（部下がいない管理職だらけの会社も実際にあります）。そのため，会社側が勝手に「管理監督者」を決めることはできず，労働基準法が想定する管理監督者に該当しない限り，残業代の支払い義務は免れません[1]。

本来，労働基準法が想定する管理監督者とは，「役員の一歩手前の上級管理職」です。なぜなら，そのような上級管理職であれば，自分の判断で仕事や時間を管理できるでしょうし，残業代をもらわなくても十分な報酬を受け取っているからです。ところが，残念ながらこの制度を悪用してい

---

[1]　裁判例は，安易に管理監督者を認めない傾向にあります。たとえば，飲食店店長の管理監督者の該当性が争われた裁判例として，日本マクドナルド事件（東京地裁平成20年1月28日）があります。この判決では，店長は，予算作成権限，クルーの時給決定権限など多種多様な権限を有し，正社員の部下が複数いて，最低評価だとしても年収579万円になる店長であっても，管理監督者の該当性は否定されました（残業代の支払いが命じられました）。

る会社が多数存在していて，長時間労働の温床になっています。

新しい上司の赴任（X年4月）

　新年度に入り，新しく上司として，Hさん（40代，女性）が異動してきました。Hさんは，事業本部長と以前同じ部署で働いていたことがあり，事業本部長とはとても仲が良いようでした。

　はじめ，HさんはGさんに対して特に問題なく接していましたが，Hさんが求める仕事の要求度は高く，やがてHさんは，「この資料間違ってない？」「まだ終わらないの？」「できるの？　できないの？」と，早口でGさんを叱責することが目立つようになりました。

X年5月

　あるとき，Gさんの確認ミスで本社から指示された仕事が遅れたとき，HさんはGさんを自席に呼びつけて，他のスタッフが見ている前で30分近く叱責を続けました。途中，事業本部長が通りかかりましたが，一瞥しただけで素通りして，自分の部屋へ入ってしまいました。その後も，細かい点でGさんはHさんから叱責されることが，たびたびありました。

X年6月

　6月に入り，Hさんの部署では1人が退職し，1人が休職することになりました。2人の担当業務はパートスタッフが一部引き継ぐことになりましたが，Hさんの指示で，ほとんどはGさんが引き継ぐことになりました。

　Gさんは，新しく引き継ぐ業務を理解するために時間を要し，定時内に従来の仕事を終えることが不可能になりました。そのことをHさんに相談したところ，「自分で考えなさい」「本社では，みんな自宅に持ち帰ってやってたわよ」と，冷たくあしらわれてしまいました。

　ちょうど，C社内では在宅ワークを推進する動きもあったので，Gさんは自宅でも仕事をするようになりました。ただ，自宅

で長時間労働していることが会社側に判明すると，Hさんから何を言われるか不安だったため，資料作りは社内ネットワークとの接続を切って作業を進めました。

　一方，Hさんは，夜中でも休日でもかまわず，思いついた業務指示や質問をメールや業務用チャットアプリで送る癖がありました。そのため，Gさんを含む部下たちは，業務時間外にメールで返信することが多々ありました。

X年8月

　相変わらずGさんの業務負担は軽減されることはなく，Gさんは毎日夜遅くまで，持ち帰り残業をしていました。土日もゆっくり休むことができず，常に頭の中は仕事のことでいっぱいでした。仕事を片付けても，次から次へとHさんから新しい指示が来るため，Gさんは先が見えないトンネルに入ってしまったような感覚に陥りました。

　あるとき，Gさんは体調を崩して寝込んでいたため，夜中に届くHさんからのメールに返信することができませんでした。すると翌日，Hさんから「メール送った件，できたの？」と尋ねられたので，Gさんは「すみません，体調が悪くて昨日は休んでいました」と答えました。するとHさんは，「私だって体調悪いなかで仕事しているのよ」と，不機嫌そうな顔になりました。Gさんは勇気をもって，「人員を補充していただけないでしょうか？」と頼んだところ，Hさんは「人のせいにしないで！　自分でどうするか考えなさい！」と怒り出し，そのまま30分近く叱責が続きました。それ以降，Gさんは，Hさんに対して「はい」以外の返事をすることが怖くなってしまいました。

ついに限界（X年9月①）

　Gさんは，Hさんから「急いで仕上げて」と依頼された仕事を，徹夜作業して完成させました。翌朝，Gさんは教室に出勤してから，昼休みに事業本部に向かいました。休憩室でくつろいでいるHさんを見つけて，「お昼休みのところ失礼いたします。ご

指示があった資料，お持ちしました」と資料を渡しました。

　すると，Hさんは資料を一瞥して，無言で近くにあったゴミ箱
へ捨ててしまいました。Gさんは自分の中で何か「ポキッ」と折
れる音がして，そのまま泣き崩れてしまいました。それを見てい
た同僚スタッフが，Gさんの両脇を抱きかかえて別室に連れて行
きました。同僚スタッフの強い勧めで，その日は教室には戻ら
ず，帰宅することにしました。

　翌日から，Gさんは有給休暇を申請して，自宅で休みました。
心配した両親が心療内科を予約してくれました。

　翌週，Gさんは両親に連れられて，心療内科を受診しました。
Gさんは頭がぼんやりとしていて，はじめはうまく説明すること
ができませんでしたが，少しずつ会社での出来事や，体調のこと
を医師に説明しました。医師からは「辛かったですね。しばらく
休職して，しっかり身体と心を休めてください。ゆっくり休めよ
うに薬を出します。会社に提出する診断書も作りますよ」と言葉
をかけてもらいました。

自殺未遂（X年9月②）

　Gさんは処方された抗不安薬を飲み，毎日，自宅2階の自室で
寝て過ごしていました。布団の中でGさんは，「何で私がこんな
目に遭わなければならないの！」という怒りがこみ上げきたり，
「教室のスタッフに迷惑をかけてしまった……」「仕事ができない
私が悪いんだ……」「会社には私の居場所はもうない……」と，
自分を責める気持ちで頭の中がいっぱいになり，まるで嵐の海に
いるような不安定な気持ちで過ごしていました。

　Gさんは，休職してから，スマートフォンの業務用チャットア
プリを開いていませんでしたが，ふとした瞬間に開いてしまいま
した。すると，かつてHさんから連日のように届いていたメッ
セージが目に入り，オフィス内で立たされたままHさんから叱責
されていたシーンや，「ポキッ」と折れる音がしたシーンが蘇っ
てきました。すると，Gさんは突然「死にたい」という気持ちに

襲われ，近くにあったノートに「Hをうらみます。お父さん，お母さん，弱くてごめんなさい」と書きなぐりました。

　Gさんは着替えて外出し，電車に乗り，海の近くの駅まで来ました。港まで歩いて，海面を覗き込みながらHさんにされた仕打ちを一つ一つ思い出し，涙が止まりませんでした。Gさんはカナヅチなので飛び込めば確実に死ねると思いましたが，波の音が大きく耳に鳴り響き，怖くて足が動かず，30分近くその場に固まってしまいました。日が暮れてきて，Gさんは気が抜けてしまい，自宅へ戻りました。

　翌日の早朝，よく眠れず目が覚めたGさんは，再び「死にたい」という気持ちに襲われました。はじめ抗不安薬を大量服用しようと思いましたが，病院へ迷惑がかかるため止めました。そこで，Gさんは地下の倉庫部屋へ降りました。

　倉庫にはワインがありました。Gさんはお酒が飲めないのですが，酔いが回れば怖さもなくなると思い，蓋を開けて口にしました。5分ほどで酔いが回ってきたため，近くにあった洗濯用のロープを首に巻いて，階段のフックに引っ掛けて，そのまま体重をかけました。意識が少しずつ遠のくなかで，Gさんは「死にたくない，死にたくない」と泣きながら念じました。物音に気づいた母親がGさんを発見し，すぐにロープを外して抱きしめました。Gさんは，「ごめんなさい」と泣きながら，何度も何度も謝りました。母親は救急車を呼んで，Gさんは救急病院へ搬送されました。

X年10月

　Gさんはしばらく入院して気持ちがだいぶ安定してきたので，主治医の指示で，自宅で療養しながら臨床心理士の練馬さんのカウンセリングを受けることになりました。練馬さんは，Gさんのつらかった気持ちを丁寧に聴きました。

　数回のカウンセリングの結果，練馬さんとしては，これ以上，HさんやC社と関わることはGさんの精神状態にとって悪影響

だと考えました。しかし，Gさんは，「心配してくれてありがとうございます。たしかに，Hさんのことや会社のことを考えると，怖い気持ちになります。だけど，ここで会社を辞めたら，私は一生後悔します。私は悪くないのに，辞めてしまったら，私が，私が，可哀そうです……」と涙ながらに訴えました。

　しばらく考えてから，練馬さんは，「Gさんのお気持ち，分かりました。だけど，会社と戦うとしても，一人では無理ですよ。弁護士さんの力を借りましょう。それから，通院とカウンセリングは続けると約束してくださいね」と，穏やかに伝えました。Gさんは，「はい，ありがとうございます。どなたか弁護士さんをご存じでしょうか？」と尋ねるので，練馬さんは「カウンセリングの勉強会で知り合った弁護士さんがいます。労働問題も専門だそうです。東京の人ですが，相談できるか聞いてみますね」と告げました。

Question 4-2　弁護士は遠方からの依頼も受けてくれるのですか？

Answer

　弁護士は，各都道府県の「弁護士会」に所属していますが，その管内でしか活動できないわけではありません。そのため，遠方からの依頼を受けるかどうかは，弁護士次第です（筆者は東京の弁護士会に所属していますが，北海道の方から依頼を受けて札幌地方裁判所で裁判を行ったり，兵庫県の方から依頼を受けて，尼崎や姫路で仕事をしたことがあります）。

　遠方からの依頼は敬遠されることもありますが，最近は，依頼者の方とオンラインで打ち合わせすることも珍しくなくなり，裁判もオンラインで可能になりつつありますので，以前と比べたら遠方からの依頼は受けやすくなっているでしょう。

　なお，費用については，標準的な弁護士費用（Q1-15参照）のほかに，遠方で打ち合わせを行ったり裁判所に出向いたりするときの出張日当（1

日数万円）を求められることがあります。

X年11月

　　練馬さんは鵜飼弁護士に電話をかけて，「Gさんという方から労働問題で相談がありますので，よろしくお願いします」と告げ，概要を説明しました。翌日，Gさんは緊張しながら，鵜飼弁護士の事務所へ電話をかけました。鵜飼弁護士は「はじめまして。練馬さんからお話はうかがっています。いろいろと心配なことも多いと思いますが，一つ一つ取り組んでいきましょう」と語りかけたので，Gさんは緊張を解きながら事情を説明しました。

　　1週間後，Gさんは母親と一緒に鵜飼弁護士の事務所を訪れ，詳しい話をすることになりました。打ち合わせの冒頭，鵜飼弁護士から，「労働問題に詳しいほかの弁護士にも応援に入ってもらおうと思うのですが，よろしいでしょうか？」と提案したところ，Gさんと母親は快諾しました。そして，烏丸弁護士が打ち合わせに参加しました。

Question 4-3 | 複数の弁護士が担当することのメリットは何でしょうか？

Answer ─────────────

　弁護士は一通りの法律を学んでいますが，それぞれ得意分野があります。また，弁護士の仕事は，経験に頼る部分もあります（そういう意味では医者と同じです）。そのため，複雑な事案では，その分野を得意にしている経験豊富な弁護士に入ってもらうことで，多角的な視点で事案を分析できて，見落しが少なくなるというメリットがあります。新聞に載るような大きな事件では，他の事務所からも応援を呼んで，10人以上の弁護士で取り組むこともあります。

　一方，デメリットとしては，縦割りで分担すると，全体としての責任の所在があいまいになることがあります。そのため，依頼者さん側では，

「疑問に思ったことはどの弁護士を窓口に連絡したらよいのか」を，しっかり確認しておくとよいでしょう。なお，弁護士費用については，一般的には，担当する弁護士が2名，3名になったからといって，単純に費用も2倍，3倍となるわけではありません。

X年11月の続き

　　鵜飼弁護士たちは打ち合わせのなかで，Gさんのこれまでの心痛を労いつつ，少しずつ事情を聴いていきました。一通り事情を聴いたあと，鵜飼弁護士たちはどのような証拠があるのか確認作業に入りました。Gさんは，「業務で使っているパソコンを自宅へ持ち帰っているので，メールや作成した書類などのデータはあります。出退勤の記録は教室にはありますが，自宅で仕事をしていたときは記録をつけていないので……どうしましょう」と答えました。鵜飼弁護士は，「まずは，今ある証拠だけでかまいませんよ。データをコピーさせてください」と頼みました。

Question 4-4 なぜ鵜飼弁護士たちは証拠の確認をしたのでしょうか？

Answer

　裁判では，客観的な証拠の存在が重要となります。たとえば，裁判のなかで「○○時間残業をしたので，残業代○○万円を請求します」「○○というパワハラを受けたので，慰謝料○○万円を請求します」と主張しても，会社側が「残業やパワハラの事実はありません」と否定した場合，訴える側（原告側）が，「○○時間残業したこと」「○○というパワハラを受けたこと」を証明しなければならないのです。このように，証明責任は訴える側にあるため，証拠の有無は，弁護士が最も注目する点です。

X年11月の続き

　　打ち合わせの後半でGさんは，裁判を起こすかどうか迷ってい

ると正直に伝えました。鵜飼弁護士は主治医と臨床心理士とよく
相談するよう伝えて，裁判の流れや，弁護士として懸念点をまと
めたメモを作成し，Ｇさんに渡しました。次回の打ち合わせで
は，主治医と臨床心理士の見解を踏まえて，裁判を起こすかどう
か決めることになりました。

Question 4-5　鵜飼弁護士は何を懸念したのでしょうか？

Answer

　パワハラを争うような本格的な労働裁判は，結論が出るまで１年以上か
かります。また，裁判のなかで，会社側から「パワハラはなかった」「仕
事ができないから注意しただけ」などと，精神的に傷つく言葉をたくさん
投げかけられて二次被害を受けたり，法廷でパワハラ上司と対峙したりす
ることが想定されます。そのため，長期間やり抜く強い意志と，医療や家
族などのサポート体制が必要となるので，その点をよく確認・検討してほ
しい，というのが鵜飼弁護士の願いです。

X 年12月

　　Ｇさんは，主治医と練馬さんに，鵜飼弁護士のメモを見せなが
ら，裁判を起こすべきか相談しました。主治医らは，「正直言っ
ておすすめしませんが，Ｇさんが闘う決意を固めるのであれば，
全力でサポートしますよ」と告げました。その日の夜，両親とも
相談して，Ｇさんは裁判を起こしてＨさんや会社と闘うことを決
めました。翌日，Ｇさんは鵜飼弁護士に電話をかけて，「正式依
頼したいので，打ち合わせをお願いします」と伝えました。
　　１週間後，鵜飼弁護士の事務所を訪れたＧさんは，①労災申請
のサポートと，②Ｈさんと会社を訴える裁判の２点について依頼
をしました。弁護士費用は，着手金66万円，成功報酬は労災が認
められた場合は55万円，会社から賠償金など得られた場合はその

| 金額の15%として契約しました。

Question 4-6 ┃ 労災とはどのような制度でしょうか？

Answer

　一般的に「労災」というと，労働基準監督署（労基署）へ請求する「労災」を指しますが，会社へ請求する「労災損害賠償」という請求もあります。労基署へ請求する労災は，労働者災害補償保険法という法律に基づく保険の一種なので，会社側に安全管理の落ち度（過失）があるかどうかは問題になりません。労災が認められると，治療費と休業補償が支給されます（後遺障害が残った場合は，障害補償も支給されます）。

　一方，会社へ請求する「労災損害賠償」は，会社側に安全配慮義務（労働契約法5条）や，使用者責任（民法715条1項）という落ち度（過失）があった場合に認められます。会社側に過失が認められる場合，治療費，休業損害などの実損害に加えて，慰謝料が認められます。

Question 4-7 ┃ 労災申請には何が必要でしょうか？

Answer

　まず，労基署が用意している所定の申請書に，必要事項を記載して提出します（書式は厚労省の WEB サイト*2からもダウンロードできます）。申請書類には，通院している医師に書いてもらう欄と，勤務先に書いてもらう「事業主証明」欄があります。勤務先が「労災申請なんて認めない！」と意地悪する場合は，空欄のまま申請して，労基署から勤務先に事情聴取してもらうことになります。

　申請書の書き方が分からない場合は，労基署の担当者に尋ねたり，社会保険労務士や弁護士など，専門家に申請代行を依頼することができます。

＊2　https://www.mhlw.go.jp/bunya/roudoukijun/rousaihoken06/03.html

X+1年1月

　　鵜飼弁護士はC社に，Gさんの代理人に就任したことを通知し，「事業主証明」を発行するよう依頼しました。すると，C社の人事担当者から，「当社としては労災があったとは考えていません」と返答があったので，鵜飼弁護士は，事業主証明は労災を証明するという趣旨ではなく，あくまで申請するための事務的なものであって事業主には協力義務があることを説明したところ，担当者は渋々ながら了承しました。

　　また，鵜飼弁護士は，Gさんの主治医と練馬さんに面会し，労災申請への協力を依頼するとともに，Gさんが裁判を起こすときには協力をお願いするかもしれません，と依頼しました。

　　このようにして，労災申請の書類をすべて整えて，労基署へ提出しました。

　労災申請するとどのような手続きが進むのでしょうか？

　労災申請書類を提出しても，すぐに結論を出してくれるわけではありません。労基署の担当者が，①会社側の関係者からの事情（労働実態やパワハラ言動の有無など）を聴き取ったり，②申請した労働者から事情を聴き取ったり，③主治医からカルテを取り寄せたり意見照会したり，④労基署の嘱託医に意見を聴いたり，さまざまな手続きが行われます。

　労災申請してから判断が出るまでどのくらい時間がかかるのでしょうか？

　怪我や病気の性質によって，短期間で判断される場合もあれば，長期間かかることもあります。たとえば，防犯カメラが設置されている工場内で，機械に挟まれて怪我をした場合，状況を確認することは容易であるの

で，申請してから1～2カ月もあれば判断が出ます。一方，パワハラや長時間労働によってうつ病になった場合で，録音やタイムカードなど客観的証拠が乏しいとき，調査に時間がかかるので，最終的な判断が出るまで半年～1年くらいかかることも珍しくありません。

X+1年3月

　　Gさんは労基署から呼ばれたので，鵜飼弁護士と一緒に担当者を訪ねて事情を説明しました。Hさんから受けたパワハラの内容を説明しているとき，Gさんは動悸がして気分が悪くなりましたが，こまめに休憩を取りながら，当時の出来事を一生懸命説明しました。担当者は鵜飼弁護士に対して，「自宅に持ち帰って仕事をしていた点を，どう評価するか悩んでいます。指揮命令と労働時間について，もう少し整理してもらえますか？」と依頼しました。

Question 4-10 自宅持ち帰り残業はどのように評価するのでしょうか？

Answer

　自宅持ち帰り残業は，①会社から指示されて残業をしたのか，②実際の労働時間は何時間か，という2点で評価されます。

　まず，①会社からの指示ですが，労働契約の本質は「会社から指揮命令を受ける代わりに給料を受け取る」というものであるため，「自主的に」自宅で残業をしても，それに対して残業代は発生しないのです。会社の指示は，メールなど明示的な指示があれば問題ないのですが，実際には明示的な指示がなく，上司の意向を忖度して残業する場合や，社内の雰囲気から自宅で残業するのが当然，という場合もあるでしょう。このような場合，いくら自宅で残業しても，会社からの指示がないから残業代は認められない，となる可能性があります。

　次に，②労働時間ですが，自宅ではタイムカードがないため，正確な時

間を把握することは困難です。パソコンのログ記録が手掛かりになりますが，自宅にいる場合はパソコンを開けている間ずっと仕事をしているわけではない（仕事以外のことをしている可能性もある），と勘繰られてしまいます。このような場合，その時間に作った書類，送信したメールなどの資料をもとにして，「これだけの文字数の資料やメールを作成したのだから，○時間働いていたと推測できる」と主張することになります。しかし，手を止めて「考えている時間」はカウントされませんし，会社側からも「テンプレートがあるから，この資料作成にそんなに時間がかかるはずがない」と反論されたりするため，やはり正確な労働時間を把握することには限界があります。

　以上のように，労働者としては，会社のためを思って自宅で持ち帰り残業をするのですが，いざ争いになると，上記①②のような難しい証明を求められるのです（持ち帰り残業は，真面目な人ほど損をする制度とも言えるでしょう）。

X＋1年3月の続き

　　労基署での面談を踏まえて，鵜飼弁護士はGさんに，自宅で持ち帰り残業をしたときの内容（メール送信時間，作成書類など）を，Excelでまとめるように依頼しました。また，Hさんからの指示について，明示的な指示メールがない日については，Hさんが持ち帰り残業を黙認していたことを裏付ける証拠（勤務時間外にメールを返信しても何も注意してこないなど）を，整理するよう依頼しました。

　　Gさんは，「労基署や先生のおっしゃっている趣旨は理解したのですが……Hさんのことや仕事のことを思い出すと，重たい気持ちになってしまい，なかなか手が進まないかもしれません」と正直に話しました。鵜飼弁護士は，「体調優先で無理しなくていいですから。主治医と練馬さんに相談しながら，少しずつ作業を進めてくださいね」と伝えました。

X＋1年5月

Gさんは，資料の整理がある程度まとまったので，鵜飼弁護士
たちの事務所で打ち合わせを行いました。労基署へ申請してから
4カ月近く経過しましたが，Gさんと両親はこの先どうなるのか
不安だったため，弁護士たちに対して，改めて労災の見通しと，
裁判をいつ起こすかについて説明をお願いしました。烏丸弁護士
は，「以前もお伝えしましたが，精神疾患の労災は簡単ではない
のです。改めて説明しますね」と説明を始めました。

Question 4-11 　精神疾患の労災はなぜ簡単ではないのでしょうか？

Answer

　長時間労働やパワハラによって，うつ病などの精神疾患を発症した場
合，難しいのは「因果関係の証明」です。なぜなら，精神疾患の発症メカ
ニズムは医学的にまだ未解明であり，その発症原因も多種多様なので，仕
事上のストレスが原因であると簡単に決められないのです。そこで，平成
23年に，厚生労働省は精神疾患についての労災認定基準をマニュアル化し
て，令和2年にパワハラに関して基準を改定しています[3]。

　この労災マニュアルでは，精神的に負荷となるストレス要因を37個に分
類化し，その強度を「弱」「中」「強」と3段階評価して，総合評価で
「強」となれば，因果関係を認めるというものです。たとえば，うつ病発
症の2カ月前の残業が平均120時間を超えていたならば，それだけで「強」
の評価となります。これは，そのような過酷な長時間労働をしていれば，
うつ病を発症することはおかしくないという医学的な経験則に基づくもの
です。

　また，上司からのパワハラであれば，人間性や人格を否定するような言

＊3　厚生労働省「精神障害の労災認定」https://www.mhlw.go.jp/content/000863878.
　pdf

動が執拗に行われた場合は「強」の評価となりますが，それに満たない程度であれば，「中」あるいは「弱」の評価となります。セクハラであれば，胸や腰への身体接触が，継続して行われた場合は「強」の評価となりますが，継続していなければ「中」の評価となります。

　なお，精神疾患の事案では複数のストレス要因が絡むことも多いですが，あるストレス要因が「中」の評価しか得られない場合，ほかのストレス要因で「中」の評価が存在すれば，総合評価として「強」になることがあります。

Question 4-12 ┃ 精神疾患の労災はどのくらいの割合で認められるのでしょうか？

Answer

　精神疾患の労災申請が認められる割合は30％程度です。申請する本人は，自分が受けたひどい仕打ちからすれば当然労災は認められるものだと思っているのですが，実際は70％近くが認められません。

　その理由は，「証明の壁」があるからです。たとえば，残業120時間というのは，タイムカードがあれば証明できますが，タイムカードがない場合は労働者側で証明しなければなりません。また，パワハラも，録音やメールなど客観的証拠があれば証明できますが，証拠がなければ，「○○というパワハラを受けました」と訴えてもなかなか認めてもらえません。なぜなら，労基署の担当官が会社側に聴き取り調査に入りますが，パワハラをした本人は「パワハラなんて一切していません」と平気で言いますし，同僚も巻き込まれたくないので，「知りません」「分かりません」と言葉を濁すことが多いからです。

Question 4-13 ┃ 労災が認められなかった場合はどうなるのでしょうか？

Answer

　労基署は，労災を認めない場合，「不支給」という決定を出します。こ

れに不満がある場合，都道府県の労働局に対して「審査請求」という申立てができますが，結論が覆る割合は1割程度です。審査請求でも認められなかった場合，「再審査請求」という制度もありますが，やはり結論が覆る割合は低いです。

　労基署や労働局の判断に納得できなければ，裁判を起こすことになります。裁判所の判断によって，労災が認められることもあります。たとえば，上司から「存在が目障りだ，居るだけでみんなが迷惑している」「おまえのカミさんの気が知れん。お願いだから消えてくれ」「お前は会社を食い物にしている，給料泥棒」「お前は対人恐怖症やろ」「肩にフケがベターと付いている。お前病気と違うか？」などと責められて自殺してしまった事案で，労基署はこれらの発言があったことが証明できないとして，労災を認めませんでした。一方，裁判所は，これらの発言があったことを認めて，労災を認めました（東京地裁平成19年10月15日判決）。

　これは裁判で覆った一例ですが，簡単に覆るわけではありませんし，裁判で認められるまでには労災申請から3年以上は経過していることが多く，本人や家族（遺族）にとっては，とても長い闘いとなります。

X＋1年5月の続き

　　Gさんの両親は，「労災が簡単ではないことは理解できました。引き続きお願いします。ところで，Hさんや会社に対する裁判は，いつ頃起こすのでしょうか？」と尋ねたところ，烏丸弁護士は，「労災の結果を待ってもいいのですが，ちょっと長引きそうなので，結果を待たずに裁判を起こすかもしれません」と答えました。

 Question 4-14 　労災と裁判はどのような関係にあるのでしょうか？

Answer

　労基署に対する労災と，会社に対する労災損害賠償（裁判）は別の制度

なので，両方請求してもよいし，どちらかだけ請求してもかまいません。

　ただ，多くのケースでは，①まず労基署へ労災申請し，その結果を踏まえて，②会社側へ損害賠償請求をします。

　先行して労災が認められた場合，会社に対する請求（交渉や裁判）を有利に進めることができます。制度上は別とはいっても，裁判所が，実際には労基署の判断を参考にしているからです。ちなみに，労災として支給された休業補償などは，会社側に対する請求額から控除されます（二重取りはできません）。

　一方，労災が認められなかった場合，会社側も強気に出てきます。「労基署が労災として認めなかったものを，どうして会社が認めなければならないのか」という態度です。裁判所も，制度上は別とはいってもやはり労基署の判断に影響されますので，苦戦することになります。

X+1年5月の続き

　Gさんと両親は烏丸弁護士の説明を受けて，あらためて労災や裁判を起こすことの大変さを実感しました。このまま手続きを進めることについて不安もありましたが，「このまま泣き寝入りするのは絶対に嫌」というGさんの強い決意を再確認して，引き続き進めることにしました。

　鵜飼弁護士からはGさんと両親に対して，「労災や裁判に使う資料を整理するなかで，つらい気持ちが蘇って，フラッシュバックのようになることがあります。また，この先，会社から解雇通知が来たり，裁判のなかで悪く言われたり，気持ちが落ち込む出来事が起きます。そのためGさん，一人で苦しまずに，ご両親や主治医の先生，練馬さんを頼ってくださいね。約束ですよ」と，真剣な口調で伝えました。

X+1年7月

　会社側の人事担当者からGさん宛てに，「9月になっても復職できない場合，就業規則に従い，1年間の休職期間満了として退

職扱いになりますので，ご承知おきください」と通知が届きました。Gさんはびっくりして動悸がしましたが，落ち着いてから鵜飼弁護士に電話をかけて，会社から通知が届いたことを報告しました。

Question 4-15　休職期間満了とはどのような意味でしょうか？

Answer

　休職の扱いを検討するためには，①休職の原因が労災の場合，②労災ではない場合（いわゆる私傷病の場合）に分ける必要があります。

　まず，①休職の原因が労災である場合は，労働基準法19条1項によって解雇が禁止されていますので，休職期間を満了によって自然退職扱いをすることはできません*4。一方，②休職の原因が私傷病の場合，多くの会社の就業規則では休職期間の上限を決めていて，それを経過しても復職できないときは，自然退職（解雇）として扱うように定めています。

　ただし，会社側が一方的に自然退職扱いすればすべて有効というわけではなく，「復職が可能かどうか」という視点で有効性が判断されます。裁判例では，従前と同じ職務を問題なく行える程度に回復していない場合であっても，相当期間内に傷病が治癒することが見込まれ，その間に従事する適切な軽作業が存在する場合には，復職可能（自然退職扱いは無効）とされています*5。

＊4　ただし，療養開始後3年を経過しても治癒せず，会社側が平均賃金1,200日分の補償を支払った場合は，労災であっても解雇できることになります（最高裁平成27年6月8日判決）。

＊5　水町勇一郎（2019）『詳解労働法』東京大学出版会，521頁

$\mathbf{Q}^{\text{uestion}}_{\text{4-16}}$ 休職期間の上限はどうやって決めるのでしょうか？

$\mathbf{A}_{\text{nswer}}$

　休職期間の上限は法律では決まっていないため，会社側が就業規則など
で決めることになります。労働者側としては，休職期間の上限は長いほう
が安心して働けると考えるでしょう。一方，会社側としては，休職期間中
は無給にするとしても社会保険料の会社負担が生じるため，上限は短いほ
うが良いと考えるでしょう（特に中小企業では切実な問題です）。あるい
は，表立って言えませんが，休職するような労働者には早く辞めてもらい
たい，という本音もあるかもしれません。

　実際には，労働政策研究・研修機構の2013年の調査[6]によると，休職
期間の上限は，従業員50名未満の企業では，３カ月まで14.6%，３カ月超
〜６カ月まで15.0%，６カ月超〜１年まで21.0%，１年超〜１年６カ月まで
12.2%，１年６カ月超〜２年まで9.4%，２年超17.2%となっています。一
方，従業員1,000名以上の企業では，３カ月まで0.8%，３カ月超〜６カ月
まで1.6%，６カ月超〜１年まで10.9%，１年超〜１年６カ月まで17.2%，１
年６カ月超〜２年まで28.9%，２年超39.1%となっています。

　以上のように，中小企業では休職期間の上限は６カ月程度，大企業では
上限は１年６か月以上という傾向があります。中小企業のなかでも，休職
期間の上限を大企業並みに設定している企業は，経営体力的にきつくても
労働者を手厚く守りたい，という思いが経営者側にあるのでしょう。

X＋１年７月の続き

　　Gさんは鵜飼弁護士たちと相談して，労災が認められなかった
　ときのリスク（自然退職扱い）を考慮して，リハビリ出社として
　復職することを考えました。主治医に相談したところ，症状も安
　定してきているので，短時間の軽作業であれば復職可能との診断

＊６　https://www.jil.go.jp/institute/research/2013/documents/0112.pdf

書を書いてくれることになりました。

X＋1年8月

　リハビリ出社の初日，最初は人事担当者の指示で，簡単な書類作成の手伝いをしました。ところが，午後になって突然，事業本部長から別室に行くように指示されました。別室に行ってみると，Hさんが一人だけ座っていました。Gさんは頭が混乱して，その場に固まってしまいました。すると，Hさんが立ち上がって，「申し訳ありませんでした」と機械的な口調で謝罪して，そのままGさんの横を通って部屋から出て行きました。Gさんが立ち尽くしていると，事業本部長が入ってきて，「Hさんも謝っているから，許してあげて」と語りかけてきました。Gさんは，「何について謝っているのか分からないのですが……」と答えるのが精一杯でした。帰宅後，Gさんは抑うつ状態がひどくなり，寝込んでしまいました。翌日は，出社することが怖くて布団から出ることができず，Gさんのリハビリ出社は1日で頓挫してしまいました。

　両親から報告を受けた鵜飼弁護士は，C社宛てに，「パワハラの加害者と2人きりすることは，安全配慮義務の観点から大いに問題がある」との抗議文を送りました。すると，事業本部長名で，「Gさんのためを思って，早期に謝罪の場を設定いたしました。再び休職となったことは残念です」との回答書が届きました。

X＋1年9月

　Gさん充てに会社から解雇通知が届きました。解雇理由には「就業規則〇条に基づき休職期間が満了したため」と，1行だけ書いてありました。Gさんは，予想していたものの解雇されたことに大きなショックを受けました。

　翌週，Gさんは鵜飼弁護士たちとオンラインで打ち合わせを行い，裁判を起こすことを確認しました。

X＋1年11月

　Gさんは住んでいる都道府県の地方裁判所に対して，C社を被

告として，①労働者としての地位確認（解雇無効），②未払い残業代120万円の請求，③パワハラの損害1,500万円の賠償請求の3点の裁判を起こし，同時に③についてはHさん個人も被告として裁判を起こしました。

Question 4-17　原告（Gさん側）はどのような理由で裁判を起こしたのでしょうか？

Answer

①Gさん側の立場としては，C社による休職期間満了による解雇は無効であるから，依然として労働者としての地位があることの確認を求める請求をしています。この解雇の有効性については，Gさんの休職は労災であるか，労災ではないとしても復職可能かが争点となります。

②未払い残業代については，自宅持ち帰り残業の分の残業代を請求していますが，その前提として，Gさんは労働基準法41条が定める管理監督者に該当するかが争点となります（Q4-1参照）。

③損害賠償については，Hさんに対しては不法行為（パワハラによって人格的利益を侵害されたこと）による損害賠償，C社に対してはHさんの使用者としての責任（民法715条1項），あるいは安全配慮義務違反（労働契約法5条）による損害賠償について，HさんとC社が連帯して支払うよう求めています。ここでは，パワハラの有無，損害額の評価が争点となります。請求している損害額は，治療費，休職中に無給とされた分（休業損害），慰謝料*7，弁護士費用を合わせた金額となります。

X+2年1月

第1回目の裁判が開かれました。被告（C社，H氏）側はそれぞれ弁護士を頼んで，次回以降に詳しい反論を行うと述べました。

---

*7　Q1-31で，「パワハラの慰謝料は大雑把にいうと100万円程度」と説明しましたが，Gさんのケースでは自殺未遂に至るという過酷なパワハラですので，高い金額を請求しています。

X+2年2月

　第2回目の裁判が開かれました。H氏側の鯨岡弁護士は準備書面を提出して，パワハラについて，何十分も立たせたまま叱責したことはない（原告の主張は大げさである），業務指導の範囲内でパワハラには該当しない，と反論しました。そして証拠として，原告から「ご指導ありがとうございます」と返信された複数のメールを提出しました。

　C社側の鰐淵弁護士は，残業代請求について，持ち帰り残業は原告が自主的に行ったにすぎない，メール送信時間や資料の分量から残業時間を計算することはできない，教室長の職責は重要で教室長手当も支給しているので，「管理監督者」に当たる（残業代支払いの対象外）と反論しました。また，解雇の有効性について，原告の休職は労災ではない（残業もパワハラも労災認定基準を満たさない），リハビリ出社して短時間の軽作業に従事したが1日で悪化しており，復職は不可能であった，と反論しました。

Question 4-18　労働裁判はどのように進むのでしょうか？

Answer

　労働事件の裁判は民事裁判の一種なので，第3章のEさんとFさんの裁判と基本的な流れは同じです。裁判は1～2カ月に一度のペースで進みますが，当面の間は，原告側と被告側が交互に，言い分や証拠を出し合って進みます。

　たとえば，第1回目の裁判では，原告側が「訴状」を，被告側が「答弁書」を提出します。第2回目の裁判では，原告側が「準備書面」というタイトルの書面を提出して，答弁書に対する反論を行います。すると，第3回目の裁判では，被告側も「準備書面」を提出して反論を行います。このような反論の応酬を3～4往復するのが一般的ですが，難しい裁判になると7～8往復することもあり，あっという間に1年以上が経過します。

　実際の法廷では，事前に提出している書面の確認と，次回の日程や次回までの宿題を確認する程度で，5分もかからず終わることも多いです。傍聴席には誰も座っておらず，静かな雰囲気で進みます。また，弁論準備手続き（Q1-30参照）に移っても，同じように書面の確認が中心で，短時間で終わることも珍しくありません。そのため，訴えた本人（原告）はわざわざ裁判所へ行かず，弁護士に任せることも多いです。

　一方，マスコミ報道されるような社会的に注目を集めるような労働裁判では，傍聴席は傍聴人で埋まり，労働者側，会社側ともに複数の弁護士が担当し，緊迫した雰囲気のなかで行われることもあります。

Question 4-19 ｜ 裁判では裁判官が真実を明らかにしてくれるのでしょうか？

Answer

　残念ながら，裁判では必ずしも真実は明らかになりません。何かトラブルが起きたとき，裁判官が積極的に介入して，「こういう被害があることが判明しましたので，○○という法律を適用して解決します」と動いてくれるわけではありません。どのような裁判を起こすかという点は，訴える側（原告側）に任されており，裁判所は介入しないのです（専門用語で「処分権主義」と言います）。また，裁判のなかでは，どのような証拠を提出するのか，法律的にどういう主張をするのかは，当事者（原告や被告）に任されており，ときどきポイントを指摘することはありますが，基本的に裁判官は見守っています。

　このように，裁判では，真実発見に向けた活動（主張立証）は，当事者に任されていますので（専門用語で「弁論主義」と言います），必ずしも裁判のなかで真実が明らかになるわけではないのです。

X+2年3月

　　　労基署から，ようやく労災申請の結果が届きました。鵜飼弁護士が中身を確認すると，「労災は認められない（不支給決定）」と

いうものでした。Gさんは，何だか嫌な予感がしていたものの，実際に悪い結果を目の当たりにすると，震えが止まりませんでした。「あんなにひどい目に遭って，あれだけ毎日毎日夜中まで仕事をして，自殺未遂までして……それでも労災が認められない……本当に死なないと認めてくれないの‼」と，嗚咽交じりで叫びました。翌週，Gさんは鵜飼弁護士たちと協議して，労災を認めてもらうよう審査請求（Q4-13参照）することにしました。

　労災が認められかった理由を知るために，Gさんは都道府県の労働局に対して情報開示請求をしました。すると後日，「調査結果復命書」というタイトルで，担当者が作成した書類が届きました。そこには，①メール記録や作成した書類の文字数から直ちに労働時間を認定することはできない（ストレス強度は「弱」），②会社側の関係者からの聴き取り結果によれば，他の従業員の面前で上司から厳しい言葉で叱責されたことはあったものの，その回数は２回程度しか確認できず，執拗であったとは認められない（ストレス強度は「中」），というものでした。

X＋2年4月

　第3回目の裁判が開かれました。原告側は持ち帰り残業の労働時間の裏付けとして，メール記録や作成した資料をプリントアウトして，何百ページにもわたる量の証拠を提出しました。また，主治医から取り寄せたカルテも証拠として提出しました。

　裁判官から，「労災申請の結果はどうなっていますか？」と尋ねられたため，鵜飼弁護士は，「不支給決定でしたが，審査請求で争っています」と答えました。

X＋2年6〜12月

　第4回目の裁判から，弁論準備手続きとなりました。①持ち帰り残業，②管理監督者，③パワハラ，④リハビリ出社の会社対応（Hさんに直接謝罪させたことの是非）の各争点について，双方から交互に準備書面や証拠が提出されました。

　Gさんは毎月，裁判の準備のために鵜飼弁護士たちと打ち合わ

せをしていましたが，労災が認められなかったことや，裁判がなかなか進まないことから，落胆と焦りで気持ちの浮き沈みが激しくなってしまいました。Gさんは，「頭では分かっているつもりでしたが……裁判ってこんなにつらいのですね」と，ポツリとつぶやきました。鵜飼弁護士はGさんと両親に対して，「つらいと思うのは無理もありません」「マラソンで例えると，折り返し地点を通過したところです。途中休みながらでも大丈夫ですので，一緒にもう少し頑張りましょう」と励ましました。

X＋3年1月

　C社側から従業員の陳述書が複数提出されました。陳述書には，「Gさんは教室に残っていても，パソコン画面を眺めているだけで，本当に仕事をしているのか分かりませんでした」「Gさんは，生徒や保護者からの評判も今一つでした」「Hさんから叱責されている姿を見ましたが，業務で必要なことですし，それほど厳しい叱責とも思いませんでした」などと，Gさんにとっては辛辣な言葉がたくさん並んでいました。

Question 4-20　陳述書とは何でしょうか？

Answer

　陳述書とは，自分が見聞きしたことや感じたことを裁判所へ伝える，手紙のようなものです。たとえば，パワハラの現場を目撃した場合，「私は，〇月〇日〇時頃，〇〇の場所で，〇〇さんが〇〇さんに〇〇〇という言動をしていたことを見ました」「とてもショッキングなシーンだったので，まるで自分が叱責されているような気持ちで胸が苦しかったです」という文章を書いて，署名捺印します。

　手書きで本人が作成することもありますが，多くの場合は，弁護士が聴き取った内容をパソコンでまとめて印刷したものに，本人が署名捺印します。そのため，「弁護士の作文」という色合いを持つこともあるため，陳

述書に書いてあることを，裁判所は100％信用するわけではありません。

　また，労働裁判では，従業員が会社側の味方について，陳述書を提出することがよくあります。従業員も本当は関わりたくないでしょうが，会社から協力を依頼されれば断りにくいのでしょう。そして，辛辣な内容の陳述書を原告が読むと，「まさか，仲の良かったあの人が？」とショックを受けて人間不信に陥るなど，精神的な二次被害を受けることもあります。

X＋3年2月

　第8回目の裁判（弁論準備手続き）が開かれました。メールなど客観的な証拠はほぼ提出され，争点についてのお互いの言い分も尽きてきたので，裁判所から話し合いによる解決（和解）の提案がありました。事前に「和解について協議します」と連絡があったため，Gさんも裁判所へ出廷しました。

　Gさんは裁判官に，「話し合いによる解決は望ましいと思っています。お金の問題だけではないことも分かっています。ただ，会社側からの陳述書にあることないこと書かれて，とても傷ついていますし，安い金額で和解してしまったら，自分が惨めで……」と涙ながらに気持ちを伝えました。しかし，C社とHさん側は，「労災が認められていないので，こちらが賠償する必要はないし，解雇も有効と考えています。ただ，話し合いでの解決ということであれば，解決金として50万円を支払います」との返答であったため，Gさん側は到底受け入れることができず，和解協議はすぐに決裂となりました。

X＋3年4月

　第9回目の裁判（弁論準備手続き）が開かれました。原告Gさん，被告Hさんの陳述書がそれぞれ提出されました。次回は法廷で，GさんとHさんの尋問が行われることになりました。

法廷での尋問はどのように行われるのでしょうか？

Answer ────────────────────────

　法廷の雰囲気は，テレビドラマで見るような感じです。裁判官の正面に尋問を受ける人が座り，左右の席に弁護士が座り，後ろは傍聴席です。

　原告本人が尋問を受ける場合，まず原告側の弁護士が質問をします（「主尋問」と言います）。続いて，被告側の弁護士が質問をします（「反対尋問」と言います）。最後に，裁判官から質問がされます（「補充尋問」と言います）。主尋問は，質問する弁護士は味方ですし，どんな質問をしてどのように答えるか，事前に準備や練習をすることができるので，無難に終わります。一方，反対尋問は，質問する弁護士は敵方ですし，どんな質問をされるのか事前に分かりませんので，とても緊張する場面です。ちなみに，尋問の最中は紙を見て答えることはできません。

　尋問の時間は一律に決まっているわけではありませんが，だいたい主尋問30〜60分程度，反対尋問も同じ程度です。

X + 3 年 5 月

　　Gさんは鵜飼弁護士たちの事務所で，法廷での尋問の対策を練りました。事実経過は陳述書に記載してすでに提出しているので，法廷での尋問では，パワハラを受けたときの具体的シーン，自殺未遂をしたときの具体的シーンを中心に据える案が出ました。鵜飼弁護士は，一番つらかったシーンの追体験をすることで，Gさんの精神状態が悪化しないか心配でしたが，Gさんは，「ここまで裁判を闘ってきて，ここで弱音を吐いたら，私が一生後悔します。主治医や練馬さんからも心配されましたが，私の決意を伝えて，体調が悪くなったらすぐに病院に来るという約束をして，承諾してもらいました」と，力強く答えました。

　　その後，2回にわたって尋問の準備や練習を行い，当日に臨みました。準備のなかで鵜飼弁護士は，「Gさんの気持ちの部分は，

あえて練習しません。本番の法廷では，頭に浮かんだことをそのまま話してくださいね」と伝えました。

X＋3年6月

　第10回目の裁判が法廷で開かれました。傍聴席には，Gさんの両親，C社の関係者のほか，10人ほどの一般傍聴人や地元の新聞記者も座っていて，張り詰めたような空気でした。

　はじめに，Gさんが証言台の前に立ちました。裁判官に促されて，Gさんは「宣誓。良心に従って真実を述べ，何事も隠さず，偽りを述べないことを誓います」と宣誓書を読み上げ，席に座りました。

　鵜飼弁護士からの主尋問が始まりました。鵜飼弁護士は，Gさんの緊張をほぐすために，「最近の体調はいかがですか？」「経歴を確認させてください」と，簡単な質問から入りました。続いて，Hさんが赴任して以降の話題に移りました。

鵜　飼：Hさんから「できるの？　できないの？」と言われたときのこと，覚えていますか？

Gさん：はい，覚えています。

鵜　飼：そのとき，どんな気持ちになったか，思い出せますか……？

Gさん：（深呼吸して）はい。もう「できます」としか言えません。逃げ場がない。

鵜　飼：逃げ場がないように感じて……？

Gさん：目の前，横，後ろ，すべて壁に囲まれたような感じで……絶望的というか……同僚が横を通り過ぎるのですが，誰も助けてくれなくて……

鵜　飼：四方を壁に囲まれて，絶望的で，誰も助けてくれない。

Gさん：晒し者になっているようで，惨めでした。

鵜　飼：今でも，そのときのことを思い出すと，どんな思いが沸いてきますか？

Gさん：すごく暗い気持ちになります。自分はダメな人間なん
　　　　じゃないかと。助けてもらう価値もない人間なのかと
　　　　……。

——略——

鵜　飼：持ち帰り残業について，会社側は，指示していない，G
　　　　さんが勝手にやったと主張していますが，それを聞い
　　　　て，どう思いますか？

Gさん：どうしてそんなひどいことが言えるのだろうかと，悲し
　　　　くなります。

鵜　飼：悲しくなる。

Gさん：はい。自宅でやった仕事は，会社に提出しています。
　　　　「家でやらなくていい」なんて，一度も言われたことあ
　　　　りません。会社は，私の仕事の成果を当然のように受け
　　　　取っています。それなのに，平然と「勝手にやった」っ
　　　　て。10年以上勤めてきた会社からそんなこと言われるな
　　　　んて……悲しすぎます。

——略——

鵜　飼：Hさんから急いで仕上げてと頼まれて，徹夜で作業して
　　　　仕上げた仕事の件についてうかがいますね。

Gさん：はい。

鵜　飼：朝まで仕事をしているとき，どんな気持ちでしたか？

Gさん：とにかく，やるしかないというか。追い立てられていま
　　　　した。あと，ひょっとしたら，期待に応えて急いで仕上
　　　　げれば，Hさんに褒めてもらえるかも，という気持ちも
　　　　ありました。

鵜　飼：褒めてもらえるかも，という希望もあったのですね。

Gさん：はい。さすがに褒めてもらえるだろうと。

鵜　飼：昼休みにHさんのところに行ったときも，褒めてもらえ
　　　　るだろうと？

Gさん：はい，少しですが，胸が躍っていたと思います。

鵜　飼：Hさんに作った資料を渡して，何が起きましたか？

Gさん：Hさんは，私の顔も見てくれませんでした。10秒間くら
　　　　い，面倒くさそうに資料を読んで。そして……

鵜　飼：そして……？

Gさん：紙を丸めて，私の目の前で，ゴミ箱に捨てたのです……
　　　　（嗚咽）

鵜　飼：今でも，思い出すとつらいですか？

Gさん：（泣きながら）はい。惨めです。私は惨めです。かわい
　　　　そうです……

鵜　飼：陳述書によると，そのとき自分の中で何か「ポキッ」と
　　　　折れる音がした，とのことですが。

Gさん：はい。「ポキッ」と音がしたのが聞こえたんです。

鵜　飼：Gさんのなかで，何が折れてしまったのかな？

Gさん：（沈黙）なんでしょう……私がこれまで我慢してきたも
　　　　の。私の最後の拠り所。私の大切な何か。

鵜　飼：最後の拠り所，大切なものが折れてしまったとき，Gさ
　　　　んの心には，どんな思いがあったのでしょうか？

Gさん：もう絶望しかなかった。この人は，私のことを殺そうと
　　　　思っているんだって。

鵜　飼：殺されるかもしれないという恐怖？

Gさん：……はい

————略————

鵜　飼：それでは，つらいですが，自ら命を絶とうとしたときの
　　　　ことを聞きますね。

Gさん：はい。

鵜　飼：海まで電車で行きましたが，電車の中で，どんなことを
　　　　考えていましたか？

Gさん：何も考えていませんでした。

鵜　飼：何も考えていない？

Gさん：はい。たぶん，怖かったんだと思います。

鵜　飼：死ぬことが？

Gさん：おそらく。だから何も考えず，景色をボーっと見ていたんだと思います。

鵜　飼：ボーっと見ていたんですね……そして，海に着いて，海面を覗き込んだ？

Gさん：はい。海面を見たら，急にいろいろ思い出して……だけど，だけど飛び込めないんです。

鵜　飼：……怖かった？

Gさん：(沈黙) 怖かった。すごく怖かった（嗚咽）。だって，私泳げないんですよ！　飛び込んだら，絶対死ぬんですよ！（嗚咽）

————略————

鵜　飼：次の日，自宅の地下の倉庫に行きましたね？

Gさん：はい。

鵜　飼：前の日に，海で怖い思いをして，それでもやっぱり「死にたい」と思った？

Gさん：はい。どうしてですかね……

鵜　飼：どうしてなのかな。

Gさん：(沈黙) きっと，死ねばHさんに復讐できるって思ったのかも。

鵜　飼：死んで復讐したいくらい，Hさんのことが？

Gさん：憎かったです。

鵜　飼：Hさんのことを憎んで，首を吊ろうと思ったけど，怖いって気持ちはありました？

Gさん：ありました。だから，お酒を飲んだんです。

鵜　飼：お酒を飲んだら，怖い気持ちは和らいだ？

Gさん：そうですね，勢いがついたというか。それでロープを首にかけました。

鵜　飼：陳述書によると，意識が少しずつ遠のくなかで，「死にたくない，死にたくない」と泣きながら念じたというこ

とですが，そのときのこと，覚えていますか？

Gさん：（沈黙）やっぱり，怖かった。とにかく怖かった（嗚咽）。だって，私何も悪くないのに，どうしてこんな怖い思いして，死ななきゃいけないんですか？

鵜　飼：どうして私がって，すごく理不尽だったんですね……

——略——

鵜　飼：自殺未遂があってから2年9カ月くらい経過して，今，Gさんは裁判所にいるわけですが，Gさんがこの裁判に臨むうえで，一番強く思うことは何ですか？

Gさん：Hさんや会社に対して，しっかり責任を取ってもらいたいという気持ちはありますが，一番は，私自身がかわいそうだからです。

鵜　飼：Gさん自身がかわいそう？

Gさん：はい。私は死に切れなかったから，これから生きていかなくてはいけない。もし泣き寝入りしたら，あのとき苦しんでいた私がかわいそう。

鵜　飼：過去のGさん自身を，今ここで，気にかけているのですね。

Gさん：あのときの私がすごく苦しんで。だけど生きててくれたから，今の私がいるんです。だから，あのときの私に恩返しするんです。（沈黙）かわいそうだったね。生きててくれてありがとうって（涙ぐむ）。

　Gさんの主尋問の間，裁判官はじっとGさんの様子を見ていました。Hさんは特にGさんのほうを見ることなく，下を向いてメモを取っていました。

　続いて，被告側の弁護士たちから反対尋問が行われました。

　「持ち帰り残業，言葉やメールで指示されたという証拠はありますでしょうか？」

　「Hさんにパワハラを受けたと主張していますが，どうして社

内のコンプライアンス窓口に相談しなかったのでしょうか？」

「カルテを拝見したところ，Hさんが赴任する前から夜眠れないことがあったと書いてありますが，そのとおりでしょうか？」

「死にたいって思って，海まで電車で行ったとのことですが，電車で1時間くらいかかりますね。その間に，冷静になることができたんじゃないでしょうか？」

「労災が認められなかったのは，パワハラの事実は認められないと労基署が判断した，ということでしょうか？」

次々と繰り出されるイジワルな質問に対して，Gさんは，ときおり戸惑って言葉に詰まりながらも，自分の言葉でしっかり答えました。

次に，Hさんの尋問が行われました。鯨岡弁護士からの主尋問に対して，Hさんは事前に覚えてきたセリフを完璧に吐き出すように，スラスラと答えました。続いて，烏丸弁護士から反対尋問が行われましたが，Hさんは微動だにせず，「分かりません」「知りません」「覚えていません」という答えを連発し，烏丸弁護士も苦笑いをするしかありませんでした。最後に，裁判官からHさんに対して，「リハビリ出社の際に，二人きりでGさんに謝罪する場を設けようと発案したのは誰ですか？」と質問がありました。Hさんはしばらく考え込んだ後，「事業本部長です」と答えました。

尋問が終了して，休憩してから，裁判官から再び和解勧告がありました。法廷から個室へ移動して，個別に意見を聴くことになりました。

最初に，Gさん側が呼ばれました。裁判官は「Gさんのお気持ち，先ほど法廷で聴かせていただきました。大変なつらさであったこと，しっかり受け止めています」と真剣な面持ちで述べたので，Gさんは安堵しました。しかし，裁判官は続けて「ですが，長時間労働やパワハラと，うつ病や自殺未遂との因果関係をはっきり認めるのは，現時点では難しいと考えています」と述べたた

め，Gさんは頭をハンマーで殴られたような衝撃を受けました。鵜飼弁護士が，「いやいや，裁判官。GさんとHさんの態度を見れば，どちらが真実を述べているか明らかじゃないですか！」と抗議すると，裁判官は「続きがありますので，落ち着いて聴いてください」と述べて，以下のような見立て（心証）を開示しました。

◆持ち帰り残業はゼロと認定するわけではないが，メールや資料の文字数だけでは，控えめに認定せざるを得ない（月40時間程度）。

◆Gさんの職責や手当の金額からすると，労基法が想定している「管理監督者」には該当しないので，会社側は残業代を支払う義務はある。

◆パワハラについては，まったくなかったというわけではないが，因果関係を認めるためには客観的証拠が乏しいので，「グレー」と言わざるを得ない。

◆ただし，リハビリ出社のときに，GさんとHさんを2人きりにしたのは安全配慮義務違反であるから，それ以降，体調が悪化したことについて，会社側は責任を負う。

◆退職を前提とする和解であれば，退職金積み増しという趣旨で，解決金を増額するよう会社側を説得してみる。

鵜飼弁護士は，裁判官の言葉を静かにメモしながら，「分かりました。次回の裁判まで少し考える時間をください」と答え，Gさんと共に部屋を出ました。

Question 4-22 どうして裁判所はパワハラの事実や因果関係を認めなかったのでしょうか？

Answer

裁判のルールでは，損害を請求する側（原告側）が，被害の事実や因果関係を証明しなければなりません。そして，「証明できた」というための

ハードルは，過半数（51：49）では足りないのです。法律的には，証明の
ハードルは「高度の蓋然性」「通常人が疑いを差し挟まない程度に真実ら
しいとの確信を得ること」などと表現されており，数値化されているわけ
ではありませんが，あえて言えば，「80：20」「90：10」くらいで相手を圧
倒しなければなりません。そうすると，「60：40」「70：30」くらいで惜し
いところまでいっても，裁判では負けとなってしまうのです。

　したがって，たとえば「パワハラ裁判で負けた」といってもその内容は
さまざまで，なかには「0：100で箸にも棒にも掛からかった」とのケー
スもあれば，「70：30で惜しくも負けたが，だからといってのパワハラ存
在が明確に否定されたわけではない（限りなく黒に近いグレー）」との
ケースもあるのです。

X＋3年6月

　　Gさんと両親は，鵜飼弁護士の事務所で，和解について話し合
いました。Gさんは，裁判官が因果関係は認められないと述べた
ことが引っかかっていましたが，一方で，自分の思いはすべてぶ
つけられたという気持ちもありました。両親は，「正直言いまし
て，これ以上，この子が裁判を続けるのを見ているのはつらいで
す」と思いを伝えました。

　　鵜飼弁護士はGさんと両親の意を汲んで，「100％ではないけ
れども，ここまで到達できたのはGさんの強い意志のおかげで
す。きっと，過去のGさんも，『ありがとう』って感謝していま
すよ。会社に戻るという選択肢は現実的ではないので，和解のな
かで，少しでも会社に責任を認めさせる方針はどうでしょうか」
と提案しました。Gさんと両親は目で会話しながら，しっかりと
「はい，それでお願いします」と声を揃えて伝えました。

Question 4-23 和解にはどんなメリットがあるのでしょうか？

Answer

判決と比べると，和解には次のようなメリットがあります[8]。

◆判決では，金銭の支払い命令など法律的な内容しか載りませんが，和解では，謝罪や再発防止などの条項を盛り込むことができます。

◆判決では，相手が控訴すれば裁判が長引くことになりますが，和解すれば裁判はそこで終了します。

◆第3章のように，判決で勝っても相手が支払わないことがありますが，和解では，自分から払うという意思を示しているため，支払わないことは少ないです。

◆精神的な観点でも，判決になれば対立構造は維持されたままになりますが，和解であれば，対立構造はそれなり解消されます。

X+3年7月

　　第11回目の裁判（和解協議）が開かれました。事前に裁判官を通じて，大まかな条件について話し合っていたため，当日は細かい点を調整することになりました。その結果，以下の内容で，和解が成立しました。

　　◆H氏は，G氏に対し，行き過ぎた業務指導があったことを認め，真摯に謝罪する。

　　◆C社は，G氏に対し，安全配慮義務を欠いたことを認め，真摯に謝罪するとともに，再発防止に努める。

　　◆C社は，G氏に対する解雇を撤回し，本日付で合意退職とする。

　　◆C社は，G氏に対し，解決金として1,200万円を支払う。

　　◆労災の審査請求は取り下げる。

---

[8]　裁判官の視点からは，和解が成立すれば長大な判決文を書かなくて済む，というメリットがあります。そのため，裁判官は，当事者が和解することに積極的です。

◆正当な理由が無い限り，この裁判の内容を第三者へ口外しない。

◆この和解をもって，お互いに何も請求しない（最終解決）。

　裁判官が和解条項を読み上げ，「本日にて，和解が成立いたしました。ありがとうございました」との挨拶をもって，裁判は終了となりました。

X＋3年8月

　裁判が終わったことでGさんの体調も徐々に回復し始めて，薬の量も来月以降，減らすことになりました。練馬さんとのカウンセリングは，Gさんが再就職して落ち着くまでは続けることになりました。

　最後に，Gさんは両親とともに鵜飼弁護士の事務所を訪れ，費用の清算（成功報酬1200万円×15％＋消費税）を行いました。Gさんは，「本当にありがとうございました。最初にここに来たのは，3年くらい前でしたね。つい先日のような気がします」とお礼と懐かしさを語った後，「そういえば，法廷での尋問のとき，何だか鵜飼先生からカウンセリングを受けているような気がしたのですが……」と尋ねました。

　すると，鵜飼弁護士は「実は，練馬さんに頼んで，カウンセリングのトレーニングを受けていたのですよ。前から興味があったのですが，Gさんの尋問を行うこの機会にしっかり勉強しようと思いまして。この裁判では，Gさんに単に事実を話してもらうことだけじゃなくて，Gさんの気持ちをしっかり話してもらうことにも意味があるだろうって」と，種明かしをしました。それを聞いたGさんは，「そうだったんですね。実は，私もカウンセリングの勉強をしてみようと思っているんですよ」と笑顔で答え，しばらく談笑したのち，最後の打ち合わせは終了となりました。

COLUMN

8——パワハラについて思うこと

1．お客様第一主義

　弁護士として労働事件を扱っていると，「お客様第一主義」などと掲げている一方で，従業員に対するパワハラが横行している企業を見ることがあります。もちろん，お客さんを大切にすることは悪いことではありませんが，順番が逆なような気がします。私が常々感じているのは，顔が見える身近な従業員を大切にできない経営者が，果たして，顔が見えにくい不特定多数の顧客を大切にできるのだろうか，という点です。お客さんを本当に大切にするためには，まず従業員を大切にすることが必須条件ではないでしょうか。

2．叱ることの意味

　職場でのパワハラ，学校での行き過ぎた指導，家庭でのモラハラや虐待などの場面で，「相手のためを思って叱ったのです」と弁解されることがよくあります。しかし，近年では，叱責は逆効果になることが指摘されています。臨床心理士である村中直人氏は，さまざまな脳科学や認知科学の知見に基づき，「『叱る』という行為の効果は，実際よりも過大評価される傾向があるのです。それどころか，効果よりもはるかに大きな弊害が生じていることが，さまざまな研究により近年盛んに指摘されています」[*9]「ネガティブ感情のメカニズムを利用する『叱る』という行為には，人の学びを促進する効果はありません。そこに『叱る』という行為の限界があります。適切な行動を学び，状況に合わせた行動レパートリーを増やすためには役に立たないのです」[*10]と指摘しています。

　このような知見が広まれば，パワハラなど，指導や躾のあり方が問題となる場面において，将来的には，「指導のためにやむを得ず叱責したのです」という弁解が通用しなくなるかもしれません。さらに進んで，「叱責には効果が無く，むしろ弊害のほうが大きいのであるから，教育，職場，家庭の場面では叱責しないよう注意しなければならない」という評価が確立すれば，安易に叱責した場合，安全配慮義務違反や不法行為（民法709条）といった法的責任が生じるかもしれません。

▶ まとめと弁護士へリファーする際のポイント ◀

◎労災申請と会社との裁判を並行して進めることはとても大変で，長い期間闘い抜くだけの体力・精神力・経済力が求められることがお分かりいただけたと思います（Ｇさんが労災や裁判を決意したのは X 年12月頃で，裁判で和解が成立したのは X＋3 年 7 月なので，解決までに約 2 年 8 カ月かかりました）。

◎労災も裁判も，一番重要なのは「証拠」です。退職してしまうと証拠を確保することが難しくなるので，対人援助職の皆さんは相談を受けて「この職場はおかしい」と思ったら，すぐに弁護士へリファーしてください。退職するかどうか，裁判を起こすかどうかは，その後にじっくり考えればよいのです。

◎せっかく治療して体調が上向いてきても，裁判のなかであることないこと言われて傷ついて，体調が再度悪化してしまうことがあります。そのため，対人援助職の皆さんには，労災や裁判の目途がつくまで，本人を支援していただきたいです。

◎特に，自殺（未遂）の事件では，労災や裁判を進めるために，そのつらい状況を思い出して説明する作業を避けて通れません。それを乗り越えるためには，対人援助職の皆さんの支援が必要不可欠です。

＊9　村中直人（2022）『〈叱る依存〉がとまらない』紀伊国屋書店，25頁
＊10　村中直人（2022）『〈叱る依存〉がとまらない』紀伊国屋書店，55頁

対人援助職の方々からのコメント

●金成伊佐子さん●

精神保健福祉士，公認心理師，シニア産業カウンセラー，
東京メンタルヘルス・カウンセラー

【ハラスメント被害者が法廷で尋問に臨む際，配慮してもらえることはありますか？】

　1年間の休職を得てもなかなか復帰に至らないほど，Gさんの精神症状の重篤さと，回復のスピードがかなり緩やかであることが理解できます。症状としては抑うつ感やPTSDとも言える症状も出ており，その状態のなか，法廷で一人で質疑に耐えなければならないことは，回復傾向にあっても症状悪化につながりかねないように想像し，裁判はかなり心配な行為でもあります。

　精神症状によっては，尋問時に精神症状が激しく出て，口頭での発言は難しい場合が想定されます。抑うつ状態かつ緊張も加わると，発言したくても言葉にできない可能性もあります。また，尋問前に予期不安が大きくなり，主治医から処方されているであろう精神安定剤などの頓服薬を多めに服用してしまった場合，呂律が回らないこともありえます。そのような場合も，尋問にはGさんお一人で対応しなければならないのでしょうか？

⇒著者からのコメント

　法廷の証言台に立つことは，健康な人であっても，とても緊張するものです。そのため，体調に不安がある場合は，あらかじめ裁判長に告げて，こまめに休憩を入れてもらったり，水や薬を傍らに置いて適宜飲用することができます。

　また，性被害やハラスメントの事案では，加害者側と同じ空間に居るこ

と自体，精神的にとてもつらいことです。そのため，裁判長が必要と判断したときは，①心理職などが付添人として証言台の傍らにいる，②相手側と直接顔を合わせないように証言台に衝立を置く，③証言者は別室でテレビ電話を通じて尋問を受ける，という制度があります（民事訴訟法203条の2〜204条）。

　一方で，証言者は，メモを見ながら話すことはできませんし，弁護士に相談しながら話すこともできません。そういう意味では，「一人で立ち向かう」必要があります。

【パワハラ事案での関わり方について教えてください】

　この事例は，自殺未遂後にカウンセリングをスタートしているため，主治医の診断と処方内容を確認し，ご本人のパーソナリティや成育歴なども含めて回復に向けて支援していくことになります。再び希死念慮が湧き起こらないとも限りません。主治医がいますので，公認心理師法により，主治医の指示の元でカウンセリングを進めていくことになります。

　また，事例では，主治医にカルテの提出を求められていますが，カウンセリングの面談記録ではGさんが語るパワハラの現状が記録される場合も多く，裁判時に写しを提出する場合がありますので，求められればカウンセリングルームの規定に従いながら協力することになります。

　以上のような関わり方について，弁護士さんとして，何かご意見はありますでしょうか？

⇒著者からのコメント

　カウンセラーの皆さんは，裁判になるかどうかにかかわらず，クライアントの支援のために毎回ベストを尽くしていることでしょう。そのため，コメントしていただいたような対応で，問題ないと思います。また，事例でも指摘しましたが，パワハラ事案では，加害者側や会社側からさまざまな反論が出たり，同僚が会社側の立場で供述した場合，本人は二次被害を受けてとても傷つきます。そのため，対人援助職の皆さんには，メンタル

面のケアをぜひお願いしたいです。

　強いて弁護士の立場からお願いがあるとしたら，面談記録（カルテ）を作るとき，医師のカルテのように，「S: クライアントの語ったこと，O: 客観的な症状，A: 見立て，P: 今後の計画」と整理してもらえると，司法関係者にも理解しやすいです。

　また，クライアントが「○○というパワハラを受けた」と語った内容がカルテに書かれていたとしても，裁判では，そのことから直ちにパワハラの事実が認定されるわけではありません（カウンセラーが現場を見たわけではないからです）。ただし，「面談の時点で本人がそう語った（裁判になって突然言い出したわけではない）」という意味では有用ですので，本人が語ったパワハラの内容は，漏らさず丁寧に記載していただけると助かります。

第 **5** 章 児童虐待による施設入所と家族再構築

あらすじ

　SNS 相談で助けを求めた小学生の J さんが，児童相談所に一時保護され，施設に入所して，家庭に復帰するまでの過程，その間の子どもと親の成長についての事例です。この事例を通じて，児童福祉法や児童虐待防止法の仕組み，虐待を発見したときの通告義務，保護者からクレームを受けた際の対処法，家庭裁判所の関わりなどを説明します。

家族構成

　I 子さん──30 代女性。西日本の地方都市出身で，両親から厳格な躾を受けて育つ（一人っ子）。両親の期待に応えようと，勉強や習い事に懸命に取り組む。相手の顔色をうかがう癖があり，自分の意見を述べるのは苦手。大学受験では国立大学を目指すが，浪人して都内の私立大学へ進学。

　J さん──I 子さんの長女。小学 5 年生（11 歳）。

　K 男さん──40 代男性。離婚歴あり。現在の I 子さんの交際相手。

結婚生活

　I 子さんは大学卒業後，一般職として都市銀行に就職しました。入社して 1 年後，職場で知り合った 3 歳年上の男性と結婚し，都内のマンションで生活を始め，結婚 1 年後に J さんを出産しました。その後，銀行を退職し，専業主婦として育児家事をこなしてきましたが，夫から「お前は仕事もできない，育児もできな

い，家事もできない，何もできない」など，言葉の暴力を受ける
ようになりました。I子さんは自分に問題があるのではないかと
考え，夫の言葉に反論せず，耐えてきました。

　このような生活が何年も続き，不眠など身体に変調が生じ，別
居や離婚という言葉が頭をよぎりましたが，一方で，「人生失敗
したくない」「見捨てられるのが怖い」「私の努力が足りないかも
しれない」という気持ちも強く，憂鬱な気持ちのまま過ごしてい
ました。

離　婚

　3年前，夫は不倫をして，その相手と暮らすためにマンション
を出て行ってしまいました。その後，夫側の弁護士から，離婚の
申し入れがありました。I子さんは見捨てられることに恐怖を覚
えましたが，両親と相談して，モラハラを受けながらこれ以上結
婚生活を続けることは無理だと判断し，慰謝料（400万円）と養
育費（月8万円）を条件にして，離婚に同意しました。

育児の状況

　Jさんは小学1年生のときから，中学受験を目指して進学塾に
通うようになりました。算数がどうしても苦手で，単純ミスが目
立ちますが，母親（I子さん）の期待に応えようと頑張り続けま
した。ただ，I子さんから「どうして同じ問題を間違えるの？」
と叱責されると，Jさんは余計パニックになって泣き出したり，
ときにイライラしたI子さんから叩かれることもありました。

　やがて，Jさんは拒食症気味になり，小学4年生のとき，塾に
も学校にも行けなくなりました。Jさんは勉強はあまりせず，漫
画を読んだりイラストを描いて過ごしていました。このとき，離
婚が重なったため，I子さんは抑うつ状態で寝込むようになり，
やがて育児放棄気味になりました。それ以降，Jさんが洗濯，買
い物，食事の用意など，家事を手伝うようになりました。

　また，両親が相次いで他界したため，I子さんはますます孤独
感を強めていきました。まとまった遺産が入ったため，経済的に

は困りませんでしたが，Ｉ子さんはデパートにたびたび出かけて
は，高級ブランド品を買うようになりました。

新しい交際相手

　半年前，Ｉ子さんは，マッチングアプリで知り合ったＫ男さん
と交際するようになりました。Ｋ男さんは不動産コンサルタント
という肩書で，羽振りが良さそうに見えましたが，実際どのよう
な仕事をしているのか，Ｉ子さんには教えてくれませんでした。

　Ｉ子さんはＫ男さんと再婚したいと考えるようになり，Ｋ男さ
んの気を引くため，Ｋ男さんの言うことに何でも合わせるように
なりました。たとえば，夜に「会いたい」と言われれば，求めて
応じて外出してしまい，ときには朝帰りすることもありました。
また，Ｋ男さんから「仕事の資金繰りで困っている」と懇願さ
れ，たびたびお金を渡していました。

　Ｋ男さんは，普段は強くて頼りがいがあるように見えました
が，一方で，Ｉ子さんが何か意見を言うと不機嫌になったり，酔
うと暴言を吐くこともあったため，Ｉ子さんはＫ男さんの機嫌を
損ねないように常に注意を払っていました。ただ，ときどき，気
まぐれのようにＫ男さんが優しくなることがあり，そのときＩ子
さんは快感を得たような感覚に陥りました。

虐　待

　Ｋ男さんはＩ子さんのマンションを訪れるようになりました。
Ｋ男さんはＪさんがいる前でもかまわず，Ｉ子さんに対して暴言
を吐いたり，風呂上りに上半身裸でウロウロするようになりまし
た。Ｋ男さんはＪさんに対して，「お前，学校行ってないのか？
いい学校に入らないと，人生負け組になるぞ」と嘲笑しました。

　ある日，Ｊさんは，酔ったＫ男さんから卑猥な言葉を投げかけ
られ，嫌な顔をすると物を投げつけられました。しかし，それを
見ていたＩ子さんは，一言も発しようとしませんでした。その翌
日，ＪさんはＩ子さんに対して，Ｋ男さんを家に入れないように
頼みましたが，Ｉ子さんは返事をしませんでした。そのため，Ｊ

さんは「もう死にたい」という気持ちを抱くようになり，摂食障害の症状も悪化しました。

$\mathbf{Q}$uestion 5-1　虐待にはどのような種類があるのでしょうか？

$\mathbf{A}$nswer

　児童虐待防止法では，「児童虐待」として４類型を定義していますが，厚生労働省は以下のように具体的を示しています。

①身体的虐待——殴る，蹴る，叩く，投げ落とす，激しく揺さぶる，やけどを負わせる，溺れさせる，首を絞める，縄などにより一室に拘束する。

②性的虐待——子どもへの性的行為，性的行為を見せる，性器を触るまたは触らせる，ポルノグラフィの被写体にする。

③ネグレクト——家に閉じ込める，食事を与えない，ひどく不潔にする，自動車の中に放置する，重い病気になっても病院に連れて行かない。

④心理的虐待——言葉による脅し，無視，きょうだい間での差別的扱い，子どもの目の前で家族に対して暴力をふるう（DV），きょうだいに虐待行為を行う。

　また，児童虐待防止法が対象としている「児童」は18歳未満の者で，虐待が疑われる「保護者」は，「児童を現に監護する者」と定義され，親権者に限らず同居している内縁者も含む概念です（児童虐待防止法２条）。

　Ｊさんの場合はネグレクトに該当しますが，ほかにも身体的虐待，心理的虐待にも該当しうる状況です。

$\mathbf{Q}$uestion 5-2　虐待にはどのような傾向があるのでしょうか？

$\mathbf{A}$nswer

　政府の統計（2020年度福祉行政報告例，児童相談所における児童虐待相

談の対応件数）によれば，多い順に，心理的虐待121,334件（59.2%），身体的虐待50,035件（24.4%），ネグレクト31,430件（15.3%），性的虐待2,245件（1.1%）となっています。

　一方，児童養護施設に入所している「虐待体験あり」の児童では，多い順（重複あり）に，ネグレクト（63.0%），身体的虐待（41.1%），心理的虐待（26.8%），性的虐待（4.5%）となっています（厚生労働省，2020年児童養護施設入所児童等調査の概要）。

　また，施設入所のケースのうち，47.4%は「実母のみ」であることから，「施設に入居している子どもたちの状況を統計的に見ると，ネグレクトの割合とシングルマザーの割合が最も高いということになる。この結果は，（必ずしも，ネグレクトとシングルマザーの重複を示すものではないが）悪意を持って子どもたちを傷つけようとして親子分離となったのではなく，母親が一人で育児を行う環境下で，やむをえず子ども達へのかかわりに余裕がなくなり，ネグレクトと認定された家庭が多いことを表しているのではないだろうか」[*1]との指摘もあります。

援助希求──X年1月①

　　Jさんは SNS で，「助けてくれる人いませんか」と呟いたところ，ある男性から連絡がありました。何度かメッセージをやり取りして，実際に会ってみることになりました。しかし，その男性に会ってみると，いきなり「車でドライブしよう」と強く誘ってくるので，Jさんは怖くなって逃げ帰りました。

　　誰も助けてくれる人はいないと，絶望的な気持ちになったJさんは，スマートフォンで「楽に死ねる方法」と検索していたところ，NPO 団体「すずらん会」が運営する SNS のチャット相談の窓口にたどり着きました。

　　最初，Jさんは，恐る恐る「もう死にたいです」と呟くと，10

＊1　楢原真也（2020）「児童養護施設で考えたこと」滝川一廣・内海新祐編『子ども虐待を考えるために知っておくべきこと』日本評論社，188-189頁

分後に「死にたいお気持ちなのですね。何か死にたくなってしまうくらい，つらいことがあったのでしょうか。よかったら話していただけますか？」と返信がありました。Jさんは，何を話してよいか分からず，昨日の男性との出来事を話してみました。すると，怒られるかと思いましたが，「とても心配です」と返信があったため，Jさんは少し驚きました。けれども，「また大人に騙されたらどうしよう……」という不安が頭をよぎったので，Jさんはそれ以上のチャットを止めました。

X年1月②

翌日，Jさんはスマートフォンで，昨日と同じチャット相談を開きました。Jさんは，自分の話を聴いてくれることが新鮮で，少しずつ自分のことを話し始めました。不登校のこと，母親のこと，K男さんのことを話していると，自分の気持ちを尋ねられたので，Jさんは「人生お先真っ暗。ドンドン死にたくなるだけ。だけど私は大丈夫です」と動揺しながら答え，つらい気持ちになったのでチャットを閉じました。

X年1月③

数日後，自宅にK男さんが現れました。Jさんは急いで自分の部屋に逃げ込んだところ，「何だその態度は！　学校も行かねーくせに！」と，ドアを蹴られました。Jさんは怖くなって，布団の中にもぐりました。

しばらくして，チャット相談を開いて，「またあいつが来ています」「助けてください！」と助けを求めました。相談員は，「どうしましたか？」「身の危険を感じるなら，お名前や住所を教えてもらうことはできますか？」と尋ねました。しかし，Jさんは不安や恐怖が頭をよぎり，名前や住所を教えることに躊躇しました。

少し落ち着きを取り戻したJさんは，「教えてもいいけど，警察は怖いから通報しないでください。お母さんが捕まってしまうのは嫌です」と答えました。そのとき，チャットを担当していた

相談員の高田さんは，スーパーバイザーの馬場さんに相談しました。馬場さんは，児童相談所や警察に通告すべきかどうか悩み，「子ども100番」に電話して相談しました。

Question 5-3 | 「子ども100番」とはどのような制度でしょうか？

Answer

　各地の弁護士会では，子どものための無料電話相談を実施しています。子どもの法律問題に詳しい弁護士が待機して，いじめ，不登校，体罰，虐待などの相談を，幅広く受け付けています。子どもだけでなく，親や教育関係者なども利用することができます（子どもに関する法律問題であれば，SNS相談員も利用できます）。

　無料電話相談は，弁護士会によって，名称や実施している曜日・時間帯は異なります。たとえば，東京弁護士会（03-3503-0110）では，「子どもの人権110番」との名称で，月曜日〜金曜日（午後1時30分〜午後4時30分，午後5時〜午後8時），土曜日（午後1時〜午後4時）となっています。大阪弁護士会（06-6364-6251）では，「子ども何でも相談」との名称で，水曜日（午後3時〜午後5時），第2木曜日（午後6時〜午後8時）となっています。愛知弁護士会（052-586-7831）では，「子どもの人権相談」との名称で，土曜日（午前9時20分〜午後4時25分）となっています。詳しくは，各地の弁護士会のWEBサイトをご覧ください。

X年1月③の続き

　「子ども100番」の電話先の弁護士から，身の危険が差し迫っているわけではなく，本人が警察連絡を希望していないのであれば，児童相談所につないでみてはどうかとアドバイスがありました。スーパーバイザーの馬場さんからそれを聞いた高田さんは，「警察には通報しませんが，とても心配なので，子どもの問題に詳しい人に相談してみたいけど，どうでしょうか？」と提案しま

した。するとJさんは，「児童相談所ですか？」と尋ねたので，高田さんは「はい，そうです。ただ，児童相談所の仕事は，人を捕まえることではないですよ。お母さんも苦しんでいるかもしれないから，児童相談所の人に助けてもらいましょう」と促しました。少し考えた後，Jさんは児童相談所へ助けてもらうことを了承し，名前と住所を教えました。

高田さんは，Jさんの住所を管轄する児童相談所へ電話をかけて，事情を説明しました。

 虐待を発見した場合はどのような義務を負うのでしょうか？

Answer

虐待は外部から分かりにくい環境で起きやすく，また，身体的にも精神的にも大人と比べて脆弱な子どもが犠牲になるため，早期に発見することが求められます。そのため，児童虐待防止法6条1項は，「児童虐待を受けたと思われる児童を発見した者は，速やかに，これを市町村，都道府県の設置する福祉事務所若しくは児童相談所又は児童委員を介して市町村，都道府県の設置する福祉事務所若しくは児童相談所に通告しなければならない」として，行政機関や医療機関だけでなく，一般市民に対しても通告義務を課しています（児童福祉法にも，同様の通告義務の規定があります）。

なお，児童福祉法と児童虐待防止法は，何度も改正されて枝番が付いて読みにくいのですが，この二つが児童虐待に関する主要な法律です。

 守秘義務を負っている場合は虐待を発見しても通告できないのでしょうか？

Answer

対人援助職の皆さんは，一般的に，相談者の秘密を守る義務を負っています。しかし，守秘義務を貫くと，虐待を発見しても通告できないことに

なってしまい，子どもの生命・安全を守ることができなくなります。そのため，児童虐待防止法 6 条 3 項では，通告しても守秘義務には違反することにはならないと明記しています。

　また，個人情報保護法の観点からも，「法令に基づく場合」や「人の生命，身体又は財産の保護のために必要がある場合であって，本人の同意を得ることが困難であるとき」には，本人の同意なく個人情報を第三者（警察など）へ提供することができます（個人情報保護法27条 1 項）。

通告しなかった場合は発見者も責任を負うのでしょうか？

Answer

　児童虐待防止法や児童福祉法では，通告しなかった場合に罰則があるわけではなく，民事賠償の対象になるかどうかも明確ではありません。これについて，児童虐待防止法等の解説書[2]では「民法上の不法行為（民709条）の前提となる作為義務は刑法のそれほど高度でなくてもよいので，より広い範囲で不作為による不法行為が成立するであろうが，この場合でも本条の通告義務違反が直ちに不法行為となるわけではない」と指摘されています。したがって，虐待の場面で通告せずに被害が発生した場合，通報しなかった人の責任は，クライアントとの関係性（引き受けの程度），違法行為の内容（被害の重大性），危険の切迫性，防止策を講じる容易性，非代替性などさまざまな考慮要素をもとにして総合判断されると思われます[3]。

＊2　磯谷文明・町野朔・水野紀子編集代表（2020年）『実務コンメンタール児童福祉法・児童虐待防止法』有斐閣，277頁

＊3　鳥飼康二（2021）『Q&A で学ぶカウンセラー・研修講師のための法律——著作権，契約トラブル，クレームへの対処法』誠信書房，122頁

Question 5-7

虐待があると思って通告したものの実際には勘違いだった場合（誤通告の場合），通告者は責任を負うのでしょうか？

Answer

　誤通告については，「虐待の事実がないことを知りながらあえて通告した場合（故意）や，それに準ずるような場合（重過失）を除き，法的責任を問われることはないと解すべきである」[*4]とされています。もし，誤通告で法的責任が問われてしまうと，特に一般の人々は，それを恐れて通告をためらってしまうからです。

　また，児童虐待防止法6条1項の通告義務は，「児童虐待を受けたと思われる児童を発見した者は」と規定されているので，「思われる」のであれば十分で，録音や録画など客観的な裏付けは必要とされていません。そのため，通告者自身が虐待と思われる場面を見聞きしたり，児童から虐待されていると聞かされたりすれば，たとえ後になって誤通告であると判明しても，法的責任を問われることはありません。

Question 5-8

児童相談所は通告を受けた場合はどのように動くのでしょうか？

Answer

　虐待の疑いなどの通告を受けた児童相談所は，速やかに子どもと面会するなど，安全確認を行わなければなりません（児童虐待防止法8条）。厚生労働省の『子ども虐待対応の手引き』（平成25年8月改正版）[*5]の第4章によると，安全確認は，通告後48時間以内に子どもを直接目視することにより行うよう推奨しており，多くの自治体では「48時間ルール」を定めています。

[*4]　日本弁護士連合会子どもの権利委員会編（2021）『子どもの虐待防止・法的実務マニュアル〔第7版〕』明石書店，130頁

[*5]　https://www.mhlw.go.jp/seisakunitsuite/bunya/kodomo/kodomo_kosodate/dv/130823-01.html

　安全確認の際の調査事項として，厚生労働省は，前記の『子ども虐待対応の手引き』の51頁で，「子ども虐待評価チェックリスト」を提示しています。チェックリストでは，「体重・身長が著しく年齢相応でない」「子どもと保護者の視線が合わない」「不自然に子どもが保護者に密着している」など，「子どもの様子」に関する10項目，「子どもが受けた外傷の状況と保護者の説明につじつまが合わない」「保護者が子どもの養育に関して無関心」「保護者が医療的な援助に拒否的」など，「保護者の様子」に関する14項目，「家庭内が著しく不衛生である」「経済状態が著しく不安定」「子どもの状況をモニタリングする社会資源がない」など，「生活環境」に関する 8 項目が挙げられており，それぞれ 4 段階で評価する仕組みになっています。また，学校，自治体の保健センター，福祉事務所など，子どもや保護者の情報がありそうな関係各所からも，情報収集を行います。

　ちなみに，どこから通告があった（児童相談所における児童虐待相談の対応件数）について，2020年度福祉行政報告例によると，警察103,625件，医療機関3,427件，学校13,644件，近隣知人27,641件，虐待者本人4,524件，虐待者以外家族9,569件，親戚2,672件，児童本人2,115件となっています。虐待されている児童本人よりも，警察や近隣住民など，外部からの通告が圧倒的に多いことが分かります。

X年1月④

　　翌日の午後 2 時頃，児童相談所の職員がI子さん宅を訪問しました。ドアを開けたI子さんは動揺して，最初は職員を部屋に入れることを渋っていましたが，職員の説得を受けて中に招き入れました。職員はJさんの安全を確認したのち，I子さんとJさんから個別に話を聞きました。

　　Jさんは大事になってしまったと怖くなってしまい，「すみません，大丈夫です」と，笑顔を作って答えました。I子さんは，離婚のこと，不登校のこと，自分の体調など説明しました。職員から交際相手（K男さん）のことを質問されたので，I子さん

は、「ちょっと言葉が悪いときがありますけど，頼りにしている人です。娘にきつく当たらないように，私からお願いしておきます」と焦りながら答えました。

児童相談所の職員はすぐに一時保護はせず，I子さんに継続的に面談することを約束してもらいました。

Question 5-9
もし保護者が自宅ドアを開けるのを拒むなど，子どもと会わせようとしない場合，子どもの安全確認はできないのでしょうか？

Answer

子どもが学校に通っている場合は，前記の『子ども虐待対応の手引き』の62頁によれば，「子どもが希望すれば保護者に知らせずに会うことが出来ることも話してもらい，学校等子どもの希望する場所で会う」とされています。一方，学校に通っていない場合や，緊急を要する場合は，保護者の拒否を乗り越えて子どもの安全確認を押し進める必要があります。そのための手段として，以下の方法があります。

1．出頭要求（児童虐待防止法8条の2）

虐待が行われているおそれがあると認めるとき，児童相談所は保護者に対し，子どもを同伴して出頭することを求め，必要な調査をしたり，質問することができます。ただし，強制力や罰則はないので，保護者が拒否すると効果がありません。

2．立入調査（児童虐待防止法9条）

同じく，虐待が行われているおそれがあると認めるとき，児童相談所は居住場所に立ち入り，必要な調査をしたり，質問することができます。ただし，拒否した場合に罰則（児童福祉法61条の5，50万円以下の罰金）はあるものの，ドアや鍵を壊して強制的に室内へ入ることはできません。

3．臨検・捜索（児童虐待防止法9条の3）

保護者が立入調査を拒否した場合において，虐待が行われている疑いがあるとき，児童相談所は裁判所から許可状を出してもらい，子どもの居住

場所について，臨検・捜索を行うことができます。臨検・捜索の特徴は，鍵を破壊したり鍵業者に開けてもらったりして，強制的に室内へ立ち入ることができる点です（児童虐待防止法9条の7）。

　なお，立入調査などの際に，児童相談所は警察に立ち会ってもらうよう支援を要請できます（児童虐待防止法10条）。そのため，臨検・捜索に至る前に，保護者は観念して調査に応じることが多く，臨検・捜索が実施された件数は，福祉行政報告例によると年間数件程度となっています。

X年1月④の続き

　職員が帰った後，I子さんはJさんを呼び，嫌がるJさんの頭を引っぱたいてスマートフォンを取り上げて，画面ロックを解除させました。そして，「もうスマホは使わせないからね」「あんた，児童相談所に連れ去られたいの？」と詰問したところ，Jさんは下を向いて「ううん」と言いました。するとI子さんは，「じゃあ，お母さんの言うとおりにして，『もう大丈夫です』って手紙を書きなさい」と言って，Jさんに児童相談所宛てに手紙を書かせました。

X年1月⑤

　翌日，Jさんは，塾に通っていたときに使っていたタブレットを取り出しました。Wi-Fiの設定が分からないので，商店街にあるスマートフォンの販売店で聞いてみたところ，駅前の無料ゾーンならWi-Fiが使えると教えてもらいました。そこで，駅前でWi-Fiに接続してチャット相談を開き，母親の言動を伝えて，「もう絶望的です」と呟きました。相談員の高田さんは，スーパーバイザーの馬場さんと協議して，児童相談所へ連絡することにしました。

　その日の夕方，児童相談所では緊急会議が開かれました。そこには，児童相談所の常勤弁護士である兎山弁護士も同席して，一時保護すべきかどうか議論したところ，母親の隠蔽工作が問題視

| され，一時保護すべきとの結論に至りました。

Question 5-10 | 一時保護とはどのような制度でしょうか？

Answer

　一時保護とは，児童相談所長が，子どもの生命身体の安全を確保し適切な保護を図るためや，子どもの心身の状況や置かれている環境を把握するために，子どもを一時保護所などに入所させる制度です（児童福祉法33条）。前記の『子ども虐待対応の手引き』の99頁では，「一時保護を行い，子どもの安全を確保した方が，子どもへの危険を心配することなく虐待を行っている保護者への調査や指導を進めることができ，また，一時的に子どもから離れることで，保護者も落ち着くことができたり，援助を開始する動機付けにつながる場合もある。子どもの観察や意見聴取においても，一時保護による安全な生活環境下におくことで，より的確な情報収集を行うことが期待できる」とも説明されています。

　この一時保護は，保護者や親権者の同意は必要とされていません。一時保護の期間は原則２カ月以内ですが，困難事例で調査に時間がかかったり，親権喪失など特殊な法的手続きが必要な場合は，延長することもできます。また，一時保護の間，保護者が面会を求めたり，電話で話をさせるよう言ってくることがありますが，その時点で保護者と接触することが子どもにとって良い影響を生じない場合には，面会や連絡を制限することができます（児童虐待防止法12条）。

　なお，児童福祉法が改正され（2025年６月15日までに施行），裁判所が一時保護の要否を判断することになりました。この制度によって，一時保護の適正性が確保されることや，手続きの透明性が確保されることが期待されています。

Question 5-11 | 一時保護すべきか否かの判断はどのようになされるのでしょうか？

Answer

一時保護は，親子を分離させたり，通学に制約が生じたりとさまざまな影響があるため，客観的な判断が求められます。そのため，児童相談所は，収集した情報をもとにして「リスクアセスメントシート」を作成し，「一時保護に向けたフローチャート」を参考にして，集団討議によって一時保護の要否を決めます[6]。

このシートでは，「当事者の訴える状況が差し迫っている？」「次に何か起これば，重大な結果が生ずる可能性が高い？」「保護者に虐待につながるリスク要因がある？」などの8項目から，一時保護すべき緊急性，重大性があるかどうか評価します。また，フローチャートでは，たとえば，「当事者が保護を求めている」⇒ NO ⇒「既に重大な結果がある」⇒ NO ⇒重大な結果の可能性が高い⇒ YES ⇒「繰り返す可能性」⇒ YES ⇒「発生前の一時保護を検討」となります。

Question 5-12 | 児童相談所には常勤弁護士がいるのでしょうか？

Answer

児童相談所で行われるさまざまな手続きは，児童福祉法や児童虐待防止法など法令に基づいて行われ，また，人権の観点も必要となります。そのため，平成28年の法改正によって，児童相談所には常勤（正規職員）として弁護士を配置することが定められました。児童相談所内の常勤弁護士は，法律の専門家として，緊急性があり高度な判断が求められる虐待事案への対応や，家庭裁判所に対する各手続などの場面において活躍することが期待されています。保護者（親権者）の立場からしても，法律の専門家

---

*6　前掲*5の厚生労働省「子ども虐待対応の手引き」101-102頁に，リスクアセスメントシートやフローチャートが記載されています。

が児童相談所の手続きに関与してくれたほうが，安心できることでしょう。

X年1月⑤の続き

　児童相談所の職員はＩ子さん宅へ向かいました。ドアを開けたＩ子さんは，Ｊさんが書いた手紙を見せました。職員がＪさんを個別に呼んで，「自分の意思で書いたの？」と尋ねたところ，Ｊさんは下を向きながら首を横に振りました。そこで，職員はＪさんに対して，「少しお母さんと離れて暮らして，これからの生活を，専門の人と一緒に考えてみてはどうかな？」と尋ねたところ，Ｊさんは首を縦に振りました。続けて，職員はＩ子さんを呼んで，「お嬢さんを一時保護します」と告げたところ，Ｉ子さんはしばらく黙った後小さくうなずき，それ以上言葉を発しませんでした。職員は，Ｊさんを車まで連れて行きました。

X年1月⑥

　数日後，Ｋ男さんがＩ子さん宅を訪れました。Ｉ子さんが事の顛末を伝えたところ，Ｋ男さんはＪさんから取り上げたスマートフォンを開き，そこでチャット相談の履歴を見つけました。その内容を見たＫ男さんは激怒して，SNS相談のNPO団体「すずらん会」へ電話をかけ，「おたくら，児相へ連絡するようけしかけたな！」と，一方的にまくし立てました。

　電話を代わった事務局長の大久保さんは，「相談内容についてはお答えできません」と答えるのが精一杯でしたが，Ｋ男さんは，「おたくら，何の権限があって，人の家族の問題に首を突っ込んでいるだ！」「勝手にうちの家族の問題を児童相談所へ話しやがって！」「死にたいと言っている本人がショックで本当に自殺したら，お前ら責任取れるのか！」「訴えてやるからな！」と，怒鳴り散らしました。

Question 5-13 | 訴えられると責任を取らなければならないのでしょうか？

Answer

　弁護士をしていると，相談者の方から，「私は訴えられてしまうのですか？」と質問されることがあります。確かに，「訴える」「訴えられる」という言葉を聞くだけで，とても不安になることでしょう。ただし，法律的な観点で冷静に考えてみると，「訴えられる」ということは，「責任を負う」「賠償しなければならない」とイコールではありません。なぜなら，民事訴訟では，誰でも，誰に対してでも，訴えることは自由なのです。たとえば，「鳥飼のコラムがつまらなくて，精神的苦痛を受けたから，損害賠償の裁判を起こす」ということも可能なのです。極端な例では，まったくのでっち上げでも，裁判を起こすことができます[*7]。

　しかし，訴えたところで，そのとおりの内容を裁判所が自動的に認めるわけではありません（Q4-22で解説した「立証のハードル」があります）。そのため，トラブルに巻き込まれて相手から「訴えます」と言われたときは，弁護士に相談して，本当に責任を負わなければならないのか，冷静に判断してください。

X年1月⑥の続き

　　　　大久保さんは，「私どもは法律のことは分かりませんので，弁護士に相談します」「またご連絡します」と言って，電話を切ることができました。大久保さんは，知り合いの鵜飼弁護士に相談することにしました。鵜飼弁護士は，「SNS相談員の皆さんは，善管注意義務や守秘義務を負っていますが，今回のケースではこれらの義務に違反しているとは思えませんので，安心してくだ

[*7]　ただし，事実的根拠，法律的根拠を欠くことを知りながら裁判を起こした場合や，通常人であれば容易にそのことを知り得たのにあえて裁判を起こした場合には，逆に相手に対して慰謝料を支払う義務を負います（最高裁昭和63年1月26日判決）。

|　　　　い」と答えました。

Question 5-14 | SNS相談員はどのような法的義務を負っているのでしょうか？

Answer

　SNS相談に限らずカウンセリング一般は，法律的には民法656条の準委任契約に分類されます。準委任契約にまつわる法的義務を説明します。

1．準委任契約の性質

　準委任契約の特徴は，結果を保証するものではなく，プロセスを保証するものです。カウンセリングに当てはめると，「悩みを解決する」という結果を保証するのではなく，「悩みを解決するよう支援する（実際に解決するかどうか分からないけれども）」という，プロセスを保証する契約となります。

2．善管注意義務

　準委任契約では，受任者は，「委任の本旨に従い，善良な管理者の注意をもって，委任事務を処理する義務」（民法644条）を負うことになります。これを「善管注意義務」と言いますが，カウンセリングの場面で具体化して表現すると，「相談員として培った技法を活かして，相談者の支援になるよう全力で取り組む義務」となります。

　そうすると，NPO団体の相談員やスーパーバイザーは，Jさんの身の安全を第一に考え，Jさんの支援となるよう全力で取り組んだわけですから，たとえ親権者（I子さん）にとって気に入らない結果が生じたとしても，善管注意義務に違反したことにはなりません。

3．自殺防止義務

　希死念慮を訴える相談者を多く扱うSNS相談では，善管注意義務の派生として，「自殺防止義務」を観念することができます。より具体化して表現すると，「物理的人員的に可能な範囲内で，SNSによる対話を通じて自殺を思いとどまるよう説得する義務」「相手の言葉に丁寧に耳を傾けたり，適切な言葉を選んで相手を刺激しないよう注意する義務」ということ

になります。これらの義務は，法律に明記されているわけではありませんが，SNS相談の性質，業界の標準的な対応指針，SNS相談に求められる社会通念などから解釈・抽出されます。

　そうすると，NPO団体の相談員やスーパーバイザーは，Jさんの「死にたい」との訴えに丁寧に耳を傾けて，Jさんの意向を尊重しながら児童相談所へつないだわけですから，（万が一Jさんが自殺してしまったとしても）自殺防止義務に違反したことにはなりません。

4．守秘義務

　SNS相談の性質からすると，善管注意義務の一環として，SNS相談員は相談者の秘密を守る義務を負っていることになります。また，SNS相談団体は，通常であれば個人情報保護法上の「個人情報取扱業者」に該当しますので，個人情報保護法上の守秘義務を負うことになります。一方，前記Q5-4で解説したとおり，虐待を発見した場合には，通告義務を果たすために守秘義務は解除されることになります[8]。

　そうすると，NPO団体の相談員やスーパーバイザーは，Jさん，I子さん，K男さんの個人情報を児童相談所へ提供しても，守秘義務違反には問われません。

X2年2月

　　事務局長の大久保さんは，I子さんとK男さんへの対応を，鵜飼弁護士へ一任しました。

　　数日後，鵜飼弁護士の事務所で，I子さんとK男さんと話し合いの場が持たれました。鵜飼弁護士は，NPO団体側は法的責任を負わないとの見解を記した説明文書を渡しつつ，I子さんとK男さんの話に丁寧に耳を傾けました。すると，はじめは児童相談所やNPO団体に対する怒りを露わにしていたI子さんとK男さ

---

[8]　相談者が殺人予告をしている場合などの対処については，鳥飼康二（2021）『Q&Aで学ぶカウンセラー・研修講師のための法律──著作権，契約トラブル，クレームへの対処法』誠信書房，118頁を参照ください。

んは，徐々に冷静さを取り戻し，どうやったらJさんが戻ってくるのか，鵜飼弁護士に助言を求めました。

　鵜飼弁護士は，一般論と前置きしつつ，子どもの健全な成育が最重視されること，児童相談所と対立するだけでは問題は解決しないこと，児童相談所が安心して子どもを戻せる環境を整える必要があること，などを助言しました。そして，物理的な環境や経済的な環境だけではなく，保護者の心の持ち方を根本から変えるくらいの覚悟が必要だと，付け加えました。

　事務所から帰る途中，K男さんは，「あの弁護士，偉そうに何言ってんだ」と不満そうでしたが，I子さんは，「心の持ち方を根本から変えるくらいの覚悟」という言葉が頭の中にひっかかっていました。

Question 5-15 | 一時保護されると児童はどのような生活を送るのでしょうか？

Answer

　一時保護されると，児童は，児童相談所管内の「一時保護所」に保護されることが一般的です。ただし，児童福祉施設，里親などに保護が委託される場合もあります。

　東京都福祉保健局のWEBサイト*9によると，一時保護所での生活について，以下のように紹介されています。

◆お子さんの年齢や成長に応じた生活習慣が身につくように努めています。

◆教員資格を持つ職員が，お子さんの学力に合わせた学習指導を行います。

◆お子さんの健康状態については，看護師が注意を払い，必要があれば医師に診てもらいます。

───────────

＊9　https://www.fukushihoken.metro.tokyo.lg.jp/jicen/ji_annai/annai.html

◆栄養士と調理師が，栄養バランス・アレルギーに配慮した児童向けメニューを考え，楽しい食事ができるように努めています。

◆運動会，お楽しみ会など，季節に応じた行事を企画します。

◆衣類をはじめ，生活に必要なものは児童相談所で用意し，食事代を含め，費用はかかりません。

なお，学習については，①これまで通っていた学校ではなく一時保護所内で行う，②これまで通っていた学校に通学する，ことが考えられます。これについて，東京都一時保護要領（令和2年3月31日）[10]では，「一時保護中の子供の安全確保及び一時保護の目的達成が妨げられない場合には，児童の意向を踏まえ，可能な限り通学可能な一時保護委託先を検討する。高校生については，通学が可能な状況である場合は，保護所からの通学を支援する」「児童の学習進度を確認するとともに，必要に応じて在籍校と緊密な連携を図り，どのような学習を展開することが有効か協議し，一人ひとりの状況に応じた学習支援を展開する必要がある」とされています。

Ｘ年３月①

　　Ｊさんは一時保護所での生活に少しずつ慣れて，起床，学習など，生活リズムを整えつつありましたが，拒食症の症状はあまり改善しませんでした。また，児童福祉司や児童心理司とも面談して，少しずつ，Ｊさんは自分の気持ちを話せるようになりました。そのなかでＪさんは，「お母さんは私よりも，あの人（Ｋ男さん）のほうが大事だから……」「家に帰っても同じことの繰り返しで，また死にたいって思ってしまう……」と，寂し気に呟きました。

　　一方，Ｉ子さんは，児童相談所で職員と面談を受けました（一時保護以降，Ｋ男さんは児童相談所に関わることを嫌がるように

---

*10　https://www.fukushihoken.metro.tokyo.lg.jp/joho/soshiki/syoushi/kodomokatei
　　/oshirase/a072602020200327213545539.files/ichijihogoyouryou2.pdf

なりました）。職員から，Jさんを家庭復帰させるためには，K
男さんとの関係を改善（解消）しなければならない，と示唆され
ました。I子さんは考え込みましたが，両親も他界し，頼れる人
が誰もいない状況では，K男さんと別れることを決断できません
でした。

　以上の状況を踏まえて，後日，児童相談所は，I子さんに対し
て，Jさんを児童養護施設に入所させる方針を提示しました。

Question 5-16 | 児童相談所は一時保護した後の方針をどのように決めるのでしょうか？

Answer

　一時保護の間，児童相談所は，子どもや家庭環境（保護者）の状態を診
断します。この診断は，①児童福祉司による社会診断（虐待や家族の具体
的状況など），②児童心理司による心理診断（知的発達レベルとその内
容，情緒・行動面の特徴と，その心的外傷体験の程度など），③医師によ
る医学診断（外傷などの身体的診断，愛着障害，発達障害などの精神医学
的診断），④一時保護所の児童指導員や保育士による行動診断（子どもの
生活態度，行動，対人関係等の状況など），という四つの観点から実施さ
れます[*11]。最終的に，これら各専門職がそれぞれの診断結果を持ち寄り，
協議したうえで，児童相談所としての援助方針を決定します。

　援助方針は大きく，①家庭に戻して在宅で行う支援，②親子分離して行
う支援に分けられます。①在宅支援の代表例は，児童相談所へ親子で通所
してもらい定期的に面談すること，児童福祉司が自宅を定期的に訪問して
親子に面談すること，必要に応じて外部の支援（カウンセリングなど）を
受けてもらうことです。②親子分離による支援の代表例は，児童養護施設
への入所，里親への委託ですが，親に対しても別途面談や外部支援が実施
されます。詳しい支援内容について厚生労働省は，子どもに対する支援計

[*11]　前掲＊5の厚生労働省「子ども虐待対応の手引き」第6章

画*12，保護者に対する支援計画*13をそれぞれ策定しています。本来は，一時保護の間に問題がある程度解消されて，在宅支援となることが望ましいと言えますが，在宅支援では子どもの安全・安心が確保できないと考えられる場合は，施設入所あるいは里親委託が選択されます。

　また，援助方針は，一度作成されたらそのままではなく，適宜見直されます。そのため，一日も早く親子分離から在宅支援へ変えてほしいと願うならば，援助方針に真摯に取り組む必要があります。

　なお，2020年度福祉行政報告例によれば，児童虐待相談206,301件のうち，児童相談所が対処した方法は，助言指導131,996件，継続指導41,528件，他機関あっせん3,112件，児童福祉司指導4,725件，市町村送致13,214件，児童福祉施設入所3,681件，里親委託656件となっており，多くのケースでは，子どもを家庭に戻して，在宅指導によって対処しているのが現状です。

　この件数の割合が適切かどうか（本来は施設入所がふさわしい事例が，在宅支援になっていないか）については，議論があるところです。これについて，虐待対応について先進諸国との比較を研究している増沢高氏は，「日本の場合，優先順位を踏まえれば，現在の生命にかかわる危機的状況を重視し，特に頭部への外傷等は留意する一方，ネグレクトや心理的虐待はそうしたリスクは少ないと判断し，後回しにされやすい」*14「日本の代替養育が他の先進諸国に比べてかなり少ないことは明らかである。この背景には，里親や施設等の社会的養護のキャパシティの小ささがある。日本では代替養育を選択したくてもかなわない現状があり，特に都市部で顕著である。一時保護された子どもが，次の行き場がなくて保護期間が伸びてしまう状況や，本来であれば代替養育が適切であっても在宅支援を選択せ

---

*12　厚生労働省「子ども・若者ケアプラン（自立支援計画）ガイドライン」https://www.mhlw.go.jp/content/000348508.pdf

*13　厚生労働省「児童虐待を行った保護者に対する援助ガイドライン」https://www.mhlw.go.jp/bunya/kodomo/dv21/01.html

*14　増沢高（2020）「子ども虐待対応の変遷とその国際比較」滝川一廣・内海新祐編『子ども虐待を考えるために知っておくべきこと』日本評論社，77-78頁

ざるを得ない状況が生じている。このことは，子どもの状態がさらに重篤化する危険を高めてしまう」*15と警鐘を鳴らしています。

X年3月②

　I子さんは児童相談所から，施設入所に同意してほしいと求められました。しかしI子さんは，同意してしまうと「自分のしてきたことがすべて否定されてしまう」と感じたため，同意を拒否しました。すると，児童相談所は家庭裁判所に対して，「28条審判」の申立てを行いました。

Question 5-17 ｜ 「28条審判」とはどのような制度でしょうか？

Answer

　児童相談所は，調査の結果，子どもを保護者から引き離すべきと判断した場合，児童福祉法27条1項3号に基づき，施設入所や里親委託の措置を採ります。ただしこの措置は，親権者の意に反して行うことができないため，親権者が入所を明確に拒否した場合，施設入所や里親委託を実施できません*16。そこで，親権者が拒否しても施設入所や里親委託を実施できるようにするために，児童相談所は家庭裁判所に対して，児童福祉法28条に基づき，児童相談所の方針を承認してもらうため審判の申立てを行うことになります。これを業界用語で「28条審判」や「28条申立て」と言います。

　「28条審判」では，「保護者が，その子どもを虐待し，著しくその監護を怠り，その他保護者に監護させることが著しくその子どもの福祉を害する場合」（児童福祉法28条）に該当するか否かが審理されます。手続きは，

＊15　増沢高（2020）「子ども虐待対応の変遷とその国際比較」滝川一廣・内海新祐編
　　　『子ども虐待を考えるために知っておくべきこと』日本評論社，81頁
＊16　親権者等の意思がはっきりしない場合は，明確に反対しているわけではないので，施設入所等の措置を採ってもかまわないと解釈されています。

児童相談所側や保護者側から書面を提出するだけでなく，裁判所内で裁判官から直接質問（審問）を受けたり，家庭裁判所の調査官が子どもと面会したり，関係各所から情報を収集したりします。

　家庭裁判所が，児童相談所の施設入所の方針が適切だと判断した場合，最長 2 年間の許可を出します。そのため，児童相談所は，この間に家庭復帰できるように，保護者と子どもの両方について支援を行うことになります。ただし， 2 年間ではいまだ家庭復帰できない場合（家庭復帰させると子どもの福祉を著しく害する場合），家庭裁判所は期間を更新することができます（児童福祉法28条 2 項）。

　また，保護者が施設入所に納得しない場合，実力行使で子どもを連れ戻そうとする可能性もあるため，家庭裁判所は，子どもとの面会や通信を制限する命令や（児童虐待防止法12条），つきまといを禁止する命令（児童虐待防止法12条の 4 ）を出すことができます。

X 年 3 月③

　　　 I 子さんのもとに，家庭裁判所から「審問を開くので○月○日に家庭裁判所へ出廷するように」との通知が届きました。驚いた I 子さんは鵜飼弁護士に電話して，対応してほしいと頼みました。しかし，鵜飼弁護士は，「申し訳ないのですが，私は NPO 団体の代理人で，まだこの件が解決しているわけではないので， I 子さんの代理人に就くことはできないのです」と告げました。しかたなく， I 子さんはインターネットで家庭問題に詳しそうな弁護士を探したところ，「龍川弁護士」が見つかりました。

Question 5-18　どうして鵜飼弁護士は I 子さんからの依頼を断ったのでしょうか？

Answer

　弁護士は，弁護士法という法律によって，すでに依頼を受けている事件がある場合，その事件の相手方から，他の事件であっても依頼を受けるこ

とはできないことになっています（弁護士法25条3号）。そのため，すでにNPO団体から依頼を受けている鵜飼弁護士は，その相手方であるI子さんから，他の事件（家庭裁判所の手続き）であっても，依頼を受けることはできないのです（ただし，NPO団体が同意した場合は，I子さんの依頼を受けることができます）。

　その理由は，依頼者の信頼を損なうからです。たとえば，もし鵜飼弁護士がI子さんから家庭裁判所の手続きの依頼を受けた場合，すでに依頼しているNPO団体としては，「鵜飼弁護士はちゃんと我々の味方をしてくれるのだろうか。I子さんに遠慮して，こちらに不利になるように振る舞うのではないか」と，疑念を抱くことでしょう。

　そのほか，たとえばNPO団体とI子さんのトラブルについて，鵜飼弁護士が先にI子さんから相談を受けていた場合，正式依頼に至らなかったとしても，鵜飼弁護士はNPO団体から相談を受けることもできません（弁護士法25条2号）。そういう意味では，頼みたい弁護士がいる場合，「早い者勝ち」ということになります。

X年3月④

　　数日後，I子さんはK男さんに頼んで一緒に来てもらい，龍川弁護士と面談しました。I子さんは児童相談所とのやり取りなど事情を説明し，K男さんは，「先生，これって人権侵害ですよね？母親には親権って立派な人権があるわけだし」と，怒りを露わにしました。すると，龍川弁護士は，「ご依頼を受けるために条件があります。あくまで，お子さんの権利，お子さんの福祉を中心に考えることです」と，強い口調で述べました。続けて，龍川弁護士は，「申し訳ありませんが，私が同席をお願いしますと言わない限り，打ち合わせには，K男さんは同席しないでいただけますか」と告げました。

Question 5-19　保護者側（親側）から依頼を受ける場合，弁護士はどのような点に注意するのでしょうか？

Answer

　弁護士は依頼者のために活動する義務を負いますが，依頼者のためであればどんなことをしてもかまわない，というわけではありません。弁護士は，「基本的人権を擁護し，社会正義を実現することを使命」（弁護士法1条1項）としており，「良心にしたがい，依頼者の権利および正当な利益を実現するように努める」（弁護士職務基本規程21条）とされています。つまり，依頼であれば何でもよいわけではなく，「正当な利益」でなければならないのです。

　そのため，保護者側の主張を実現することで，子どもの権利や利益を損なう場合，依頼を受けることはできないのです。たとえば，画像や診断書などに虐待を示す客観的な証拠が存在するのに，保護者が虐待を否定したり，「あれはしつけだ」と強弁する場合は，依頼を受けることはできません（児童虐待防止法14条1項は，しつけとして体罰を加えることを禁止しています）。

　一方，「たしかに，虐待と言われても仕方ないことをしてしまったが，もうそんなことはしないので，早く子どもを引き取りたい」と，保護者が反省しているのであれば，弁護士が児童相談所や家庭裁判所の間に入ることで，適切な親子関係の再構築のために支援することが望め，これは依頼者（保護者）の利益にも子どもの利益にも適うため，依頼を受けることができます。

　ただし，実際には，自分に不利な内容（虐待の事実）について弁護士へ正直に話さなかったり，弁護士は依頼者の権利や利益の代弁者であると強く固執したり，保護者自身に精神疾患やパーソナリティ障害が見られるなど，依頼を受けることが困難なケースも多いです。

X年3月④の続き

K男さんは龍川弁護士へ依頼することに反対しましたが，I子さんは内心，K男さんの同席を弁護士が拒否したことに安心しました。そして，I子さんは，「もう他の弁護士を探す時間もないから」とK男さんを説得して，龍川弁護士へ依頼することにしました。

X年4月

家庭裁判所で審問が開かれました。I子さん側は，反省していること，家庭環境を整えることを約束することを説明しました。一方，児童相談所側（兎山弁護士）は，I子さんの家庭環境整備には具体性がないこと，K男氏の影響が排除できていないこと，Jさん自身も家庭復帰を望んでいないことから，家庭ではなく児童養護施設での生活が望ましいとの意見を述べました。

裁判官からI子さんに対して，K男さんとの交際状況について質問がありました。I子さんは，「今も交際を続けていますし，いずれ再婚することも考えています。裁判官や児童相談所の皆さんが心配されている点は理解していますので，K男さんには，娘に優しくするようお願いしています」と答えました。続けて裁判官は，K男さんに裁判所に来てもらい，直接話しをすることはできるかと尋ねたところ，I子さんは，「それは難しいですね……」と答えました。

家庭裁判所から帰るなかで，I子さんは，裁判官には「K男さんと再婚するつもり」と述べたものの，実際には何も進んでいないため，不安でいっぱいでした。

Question 5-20 家庭裁判所の「28条審判」では子ども本人の意思はどのように反映されるのでしょうか？

Answer

「28条審判」は制度上，子ども本人が申立人ではなく，児童相談所長が申立人となります。もちろん，児童相談所では，児童福祉司や児童心理司

が子ども本人の意思を十分に聴いたうえで方針を決定して，家庭裁判所の手続きに臨みます。また，家庭裁判所の調査官が子どもと面談して，子どもの意向を確認することもあります。

　一方，未成年であっても，自らの将来に関わる重大事項ですので，子ども本人が手続きに参加する権利[*17]があると言えます。そのため，子どもが家庭裁判所の手続きに参加することを援助するために，弁護士が手続き代理人となる制度が設けられました。このときの弁護士費用については，子どもは負担できないことが通常であるため，親が負担したり（家事事件手続法28条 2 項），「子どもに対する法律援助」という，日本弁護士連合会が法テラスへ委託している制度を利用することができます。

　なお，児童福祉法の改正により，2024年 4 月 1 日から，児童相談所は入所措置や一時保護などの際に，子どもの意見・意向を勘案して措置を行うため，子どもの意見聴取等の措置を講ずることになります。

X 年 5 月

　　家庭裁判所は，J さんを児童養護施設に 2 年間入所させる決定を出しました。それに加えて，家庭裁判所は児童相談所に対して，将来家庭復帰できるように，保護者（I 子さん）を適切に指導するよう勧告書を提示しました。

Question 5-21　どうして家庭裁判所は児童相談所に対して勧告書を出したのでしょうか？

Answer ────────────────────────────────

　家庭裁判所は，施設入所を認める「28条審判」を出す場合，家庭裁判所が保護者に対して指導措置を採るよう勧告することができます（児童福祉法28条 5 項）。

───────────────

[*17]　日本も批准している「子どもの権利条約」では，第12条で「子どもの意見表明権」が保障されています。

　この勧告制度は，児童相談所に対して適切な保護者指導をするよう促す効果がありますが，児童相談所と保護者との対立を少しでも緩和するねらいもあります。つまり，児童相談所は，たとえ親子分離の方針を選んだとしても，いずれは家庭復帰してもらうために子どもだけでなく保護者も支援するのですが，保護者が親子分離に反対している以上，感情的な対立が生じてしまい，支援がうまくいかなことが想定されます。そのため，「（敵方である）児童相談所から指導される」という形ではなく，「（公正中立な）家庭裁判所から勧告される」という形のほうが，「児童相談所から指導されると癪に障るけど，家庭裁判所から勧告されるなら聞いてみようか」として，保護者が支援を受け容れやすくなると期待できます。

　また，この効果をねらって，児童相談所があえて勧告を出すように家庭裁判所へ伝えたり，勧告書を家庭裁判所から保護者へ直接送ってもらうという運用もあるようです*18。

X年6月

　　Jさんは一時保護所から児童養護施設に移って，新しい生活を始めることになりました。施設に到着したJさんは，とても緊張しながらスタッフや子どもたちに挨拶をしました。その児童養護施設は定員10名の小規模な施設で，4〜15歳までの子どもたちが，スタッフと一緒に生活していました。学校は，施設から徒歩圏内の公立小学校へ転校することになりました。

Question
5-22 | 児童養護施設では子どもたちはどのような生活を送るのでしょうか？

Answer ―――――――――――――――――――――――

　児童養護施設は全国で約600あり，大規模な建物から小規模な建物までありますが，全国児童養護施設協議会*19によると，「近年は施設から離れ

―――――――――――――――――
*18　前掲＊5の厚生労働省「子ども虐待対応の手引き」151頁

地域のなかで生活する地域小規模児童養護施設（グループホーム）など，家庭に近い生活環境により生活する形が推進されています」とされています。また，生活状況については，同協議会の資料[20]によると，次のように説明されています。

◆児童養護施設では，子どもたちの日々の養育を担う児童指導員や保育士を始め，食事・食育を支援する栄養士や調理員，子どもの心理面をサポートする心理療法担当職員，退所後のアフターケアを行う職員など，さまざまな専門職がチームとなって，子どもたちの生活を支えています。

◆児童養護施設は，子どもたちが日々の生活を送る「家」です。子どもたちにとって，ともに「家」で時間を過ごす職員は，家族のような存在でもあります。児童養護施設は，職場であると同時に家庭であり，職員は職業人であると同時に，子どもに寄り添う一人の養育者でもあります。

◆「おはよう」のあいさつで一日が始まり，朝ごはんを食べて，歯磨きしたら，「行ってきます」と地域の学校や幼稚園へ登校します。学校が終われば，クラブ活動をしたり，友だちと遊びに出掛けたり，宿題や読書をする子もいます。また，アルバイトをしている高校生もいます。おいしい夕食と楽しい時間を過ごしたら，「おやすみ」と温かい布団で眠りにつきます。どこの家庭にもある風景が，児童養護施設でも日々営まれています。

X年7月

　　　Jさんは，施設の生活に少しずつ慣れてきて，小学校にも保健室登校という形で，週に2〜3日通学することができるようになりました。

---

*19　https://www.zenyokyo.gr.jp/about/
*20　https://www.zenyokyo.gr.jp/wp/wp-content/uploads/2022/02/pamphlet_jidou
　　yougoshisetsu.pdf

　一方，生命の危険はないものの，Jさんの拒食症の症状はなかなか改善しませんでした。そこで，施設職員は，拒食症治療を専門に扱っている病院を受診してみてはどうかと考えました。そのため，施設職員は，親権者であるI子さんに連絡して専門病院の受診を提案したところ，I子さんは受診に同意しました。

Question 5-23 親権者が子どもに適切に治療を受けさせない場合はどうしたらよいのでしょうか？

Answer

　子どもに適切な治療を受けさせなかったり，勝手に子ども名義で子どもの利益にならないような契約をしたり，親権者であることを強調して施設や里親に対して過剰に干渉するなど，親権を適切に行使していない親がいる場合，子どもの権利や利益を守るために，親権を制限する必要があります。そのため，法律では，親権の喪失（民法834条），親権の停止（民法834条の2），管理権の喪失（民法835条）という制度が用意されています。ただし，自動的に親権喪失などが認められるわけではなく，子ども本人，親族，児童相談所長などが家庭裁判所へ申し立てなければなりません。申立ての結果，親権者がいなくなった場合，新たに未成年後見人を選任することになります。

　一方，親権喪失や親権停止が認められると戸籍に記載されてしまうため，いずれそれを目にした子どもが実親に対して良い印象を抱かなくなり，将来的な親子関係の再構築にとってマイナスとなるおそれもあります。そのため，親権喪失などの制度を利用する場合，子どもに対する丁寧な説明や事後フォローが必要となります。

X年8〜12月

　Jさんは拒食症の症状も少しずつ改善して，3食とも口を付けられるようになりました。通学も順調で，通常の教室登校ができるようになりました。絵を描くことが好きだったJさんは，一

緒に絵を描く友達もできて，学校の中にも自分の居場所を見つけることができるようになりました。

　I子さんは定期的に，児童相談所で職員と面談しました。I子さんはJさんとも面会したいと希望しましたが，当初，Jさんから面会したいという明確な答えは返ってきませんでした。

　やがて，JさんもI子さんと面会することを希望したので，I子さんは定期的に施設を訪れて，Jさんと面会するようになりました。面会では，学校での生活や，新しい友達のことなど話題にしました。Jさんの身長も伸びて，体重も増えてきた姿を見て，I子さんは安心しました。

X+1年1月

　施設入所から半年が経過したため，これまでの半年間の振り返りと，これからの計画について，児童相談所側とじっくり話し合うことになりました。

　I子さんは，代理人の龍川弁護士と共に，児童相談所の児童福祉司と面談しました。そこで，児童福祉司からあらためて，Jさんが安心して家庭に戻るためには，家庭環境を整備する必要性があることを告げられました。そして，それはK男さんのとの関係という問題だけではなく，I子さん自身の内面の問題でもあると指摘されました。I子さんは，自身の内面の問題という点に心当たりがあったため，児童福祉司に対してどうしたらよいか尋ねました。すると，親同士が参加するプログラムを紹介されました。

COLUMN

9——親側の支援の必要性

　心理職の皆さんが子どもの虐待問題に関わる方法としてまず思い浮かぶのは，子ども側の支援として，公務員として児童相談所（児童心理司，児童福祉士）に所属したり，民間（社会福祉法人）の児童養護施設の職員として勤務することでしょうか。

　一方，子どもの虐待問題を幅広い視点で解決するためには，子ども側だけではなく，親側の支援も必要です。もちろん，子どもへの虐待は，人権侵害であり，犯罪にも当たり得る行為ですから，肯定されることはありません。しかし，だからといって親を糾弾するだけでは，適切な親子の再統合は望めません。

　そこで，親自身が抱える問題が虐待の原因となっているとの問題意識から，積極的に親の支援に取り組んでいる団体があります。たとえば，「一般社団法人 MY TREE」は，「子ども虐待とはこれまで人として尊重されなかった，痛みや悲しみを怒りの形で子どもに爆発させている行動です。MY TREE ペアレンツ・プログラムは，その感情，身体，理性，魂のすべてに働きかけて，木や太陽や風や雲からも生命力の源をもらうという人間本来のごく自然な感覚を取りもどします。さらに，自分の苦しみに涙してくれる仲間がいるという，人とつながれることの喜びは，本来誰でもが内に持つ健康な生きる力を輝かせるのです」[21]との理念のもとで，親に対する体系的な支援プログラムを提供しています。このプログラムは，大学研究者や児童相談所関係者からも，効果があったと指摘されています[22]。

　このように，親側の支援の必要性は認識されつつあるとはいえ，支援者の数が少ないのが現状のようです。そのため，心理職の皆さんにはぜひ，親側の支援にも取り組んでいただきたいです。

---

*21　https://mytree-p.org/program/parents.html
*22　森田ゆり編著（2018）『虐待・親にもケアを——生きる力をとりもどす MY TREE プログラム』築地書館，248-277頁

X+1年3～5月

　　I子さんは，紹介された支援プログラムに参加することにしました。そこでは，同じように子どもを虐待してしまった親が集い，ファシリテーターのもとで，虐待してしまったときの気持ちや，自分自身が抱えている悩みを，声に出して共有しました。

　　プログラムに参加するなかでI子さんは，自分が子どもの頃，言いたいことを親にも周囲にも言えず，自分を律するしかなかったこと，自分なりに勉強を頑張ってきたけれども，挫折して自信を喪失したこと，結婚して自信を取り戻そうと思ったけれども失敗してしまい，それ以降，すべてに対して自信が持てず怖かったこと，娘（Jさん）が自分の理想どおりにならなかったことが，ダメな自分を再認識させられるようでつらかったこと，などに気づきました。このプログラムへの参加は，I子さんにとって，長年，背中に背負っていた重いものが，なくなったような体験でした。

X+1年6月

　　ある日，I子さんは，K男さんが運転する車で，気晴らしにドライブをしていました。すると，スピード違反で白バイに捕まり，K男さんは運転免許証を取り出しました。I子さんはこれまでK男さんの運転免許証を見たことがなかったのですが，そのとき，運転免許証がチラッと見えました。すると，I子さんが聞かされていた生年月日とは違う内容が記載されており（6歳年下にサバを読んでいました），I子さんは動揺しました。ドライブが再開されましたが，I子さんは不安と混乱で頭がいっぱいになり，会話をすることができませんでした。あらためてK男さんとの交際を振り返ってみると，これまで貸したお金が返ってくる気配もなく，再婚について話が進むこともないという現実が，恐怖となってI子さんの心を襲いました。

　　ドライブの帰り際，I子さんは意を決して，「ねえ，さっき運転免許証見えちゃって。本当の年齢，教えてもらえる？」「ほか

にも私に嘘ついていない？」と問い質したところ，Ｋ男さんは，「勝手に人の免許証見てんじゃねえよ！」と激怒して，車で走り去ってしまいました。Ｉ子さんは，帰宅後考え直して，「ごめんなさい」とメッセージを送りましたが，Ｋ男さんから返事はなく，その後も一切連絡はつかなくなりました。

X＋1 年 7 月

　Ｉ子さんは施設でＪさんと面談しました。いつもどおり，近況報告の雑談をした後，Ｉ子さんは，Ｋ男さんと別れたこと，二度と会うことはないことを告げました。Ｊさんは驚いた顔をして，「お母さん，平気なの？」と言いました。Ｉ子さんは，てっきりＪさんが喜んでくれると思っていたので，面食らいましたが，「うん，お母さんも寂しくて，誰も頼る人がいなくて……だからＫ男さんの言うことを聞いて，見捨てられないようにしてきたんだけど……今は，お母さん自身の問題を解決しなきゃいけないし，何が大切なのか間違った判断をしてはいけないって思ったの」と静かに語りました。

　すると，Ｊさんは，「お母さんが寂しくて頼る人がいないの，分かっていたよ。だったら，私に言ってほしかった。もっと話してほしかった……」と答えました。Ｉ子さんは，こんな思いをさせてしまい申し訳ない気持ちと，娘の中に強く生きる力が芽生えているという嬉しい気持ちから，大粒の涙を流しました。

　帰宅後，Ｉ子さんは支援プログラムで自らを省みたことを思い出し，これからはＪさんのために生きていくことを誓いました。

COLUMN 10——広範かつ総合的な支援

　事例では，Ｉ子さんは支援プログラムの参加をきっかけとして，Ｉ子さん自身の問題に取り組み，解決へ向かうことができました。

　ただ，虐待の背景にはさまざまな問題が複雑に絡み合っていることがあるため，実際には，問題解決が簡単ではないケースも多々あります。たとえば，親が精神疾患（統合失調症，長期のうつ病，パーソナリティ障害など）を患っている場合，家庭復帰するためには精神医療による継続的な支援が必要となりますが，親本人が治療を拒否するとうまく進みません。そして，アルコール依存症，薬物依存症，ギャンブル依存症など，特別な治療を受けないと回復が困難な場合もあります。また，子どもに知的障害や発達障害がある場合も，医療や福祉行政との連携が必要となります。さらに，さまざまな事情で親が稼働できない（貧困問題を抱えている場合）も，生活保護など福祉行政との連携が不可欠です。

　以上のように，虐待問題は，児童相談所に関係する機関だけでなく，医療，福祉行政，司法など広範な機関によって，総合的な支援が必要となるのです。

X+1年8〜12月

　児童相談所は，外出による親子交流を認めました。ある日曜日，Jさんは I 子さんと共に繁華街のアニメショップを訪れ，好きなアニメのグッズを買ってもらい，レストランで食事を楽しみました。

　また，冬休みの間，外泊交流も認められました。 I 子さんとJさんは，I 子さんの故郷近くの温泉地を訪れ，2人で温泉旅行を楽しみました。

　I さんは，仮に家庭復帰となったとしても，Jさんが同じ学区の学校に通えるように，学区内のアパートに引っ越しをしました。引っ越し後，I 子さんは体調もずいぶん改善したので，週3回のパートで事務仕事を始めることにしました。

X+2年1月①

　I 子さんは龍川弁護士を通じて，児童相談所に対して，「28条審判」を更新しないでほしいと申し入れました。I 子さん側は，家庭環境を整えていることを詳細に記した報告書とともに，支援プ

ログラムに参加したときのレポート（自分を見つめ直して現在どのような心境であるか），K男さんとは別れたので二度と会うことはないとの誓約書を提出しました。

Question 5-24 ┃ 児童相談所は家庭復帰の適否についてどのように判断するのでしょうか？

Answer

　児童虐待防止法13条1項は，施設入所等の措置を解除するための条件として，「当該児童の保護者について同号の指導を行うこととされた児童福祉司等の意見を聴くとともに，当該児童の保護者に対し採られた当該指導の効果，当該児童に対し再び児童虐待が行われることを予防するために採られる措置について見込まれる効果，当該児童の家庭環境その他厚生労働省令で定める事項を勘案しなければならない」と定めています。

　これについて厚生労働省は，「家庭復帰の適否を判断するためのチェックリスト」[23]を作成しています。このチェックリストは，交流状況（面会・外泊等を計画的に実施し，経過が良好である），子どもの保護者への思い愛着（保護者に対する恐怖心はなく，安心・安定した自然な接触ができる），保護者の衝動のコントロール（子どもへの怒りや衝動を適切にコントロールできる），生活基盤の安定（経済面，住環境面での生活基盤が安定的に確保されている）など，20項目から構成されています。

　以上のように，施設入居して以降のさまざまな事情を総合考慮して，家庭復帰の適否が判断されます。

---

*23　前掲＊5の厚生労働省「子ども虐待対応の手引き」219頁

Q_{uestion} 5-25 施設入所の措置が解除された後（家庭復帰した後）は，児童相談所は関与しないのでしょうか？

A_{nswer}

　長い期間，親子が分離して生活していたわけですから，家庭復帰が必ずしもスムーズに進むものではないことは容易に想像できます。そのため家庭復帰後も，児童相談所が積極的に関わることが期待されています。

　家庭復帰後の関わりについて，前記の『子ども虐待対応の手引き』の213頁によると，「児童相談所は，家庭復帰から少なくとも6か月間程度はとりわけリスクが高まる期間として，児童福祉司指導等の措置または継続指導を採り，家庭訪問や児童相談所への通所等を通じて，養育状況を把握すると共に必要な援助を実施する」「一旦在宅期になると，あたかも目標が達せられたかのように感じ，児童相談所との関係が疎遠になることがしばしばある。それを防ぐためにも，児童福祉司指導等により，親子の通所指導の頻度，家庭訪問の頻度等を明示し，公的機関として一定期間モニタリングして安全を確認することを，在宅期に移行する際の条件としてあらかじめ示しておくことが不可欠である」とされています。

X＋2年1月②

　　児童相談所では，Jさんの家庭復帰について会議が行われました。この間の親子交流がうまくいっていることや，Jさん自身もI子さんと生活したいと希望を述べていることに加えて，I子さんの目覚ましい努力が好評価されました。その結果，担当の児童福祉司，児童心理司，兎山弁護士など満場一致で，2年間の期間満了（X＋2年4月）を待たず，家庭復帰することが決定されました。また，家庭復帰後には，定期的にI子さんとJさんに，児童相談所へ通所してもらうことになりました。

X＋2年2月

　I子さんは，児童養護施設へJさんを迎えに行きました。施設の職員に挨拶を済ませ，I子さんのアパートに向かいました。I子さんは，Jさんの話に耳を傾けることはもちろんですが，I子さん自身の気持ちもJさんに伝えるように意識して，親子間のコミュニケーションを図りました。

X＋2年4月

　ある日曜日，I子さんはJさんと共に，NPO団体「すずらん会」の事務所を訪れ，スーパーバイザーの馬場さんと事務局長の大久保さんが応対しました。

　2年前，JさんがSNS相談で助けを求めたことを回顧しつつ，結果として，SNS相談がきっかけで，親子関係が良い方向になったことを報告しました。そして，I子さんは，当初「訴える」と言ったことを謝罪し，感謝の言葉を重ねて述べました。

　後日，相談員の高田さんは大久保さんから報告を聞いて，「ずっとお嬢さんやお母さんのことが気になっていたんですよ！　本当によかったです！」と喜びました。高田さんは，自分がきっかけとなって適切な支援につなげられたことについて，言葉では表せない大きな充実感を抱きました。

COLUMN 11──18歳以上の「子ども」の支援

　令和4年4月1日から，法律上の成人年齢が18歳へ引き下げられましたが，現実には，18歳以上であっても，生活力や精神的成熟度などの観点から，「子ども」と扱ったほうが適切な場面もあるでしょう。

　ところが，児童福祉法では18歳未満を「児童」と定義しているため，18歳以上の「子ども」は，児童福祉法や児童虐待防止法上の保護を受けられないのです（ただし，18歳までに一時保護や施設入所していれば，18歳を超えてからも

支援を受けられたり，一定の要件のもとで大学卒業相当の22歳まで支援を受けられるなど，一部例外規定もあります）。そのため，この「18歳以上の隙間」をカバーするための制度が，いくつかあります。

　たとえば，「自立援助ホーム」は，児童福祉法上の「児童自立生活援助事業」に位置づけられる施設で，主に20歳未満の者を対象として，共同生活する場所を提供し，就業支援，生活指導などを行い，自立生活を送るためのスキルを身に付けるよう援助する施設です。「子どもシェルター」は，18歳以上のため児童相談所の一時保護を受けられない子どもや，18歳になって児童養護施設を退所したが自立できていない子どもを対象として，2カ月程度滞在するなかで，次の支援先を見つけるための緊急避難先です。東京の「カリヨン子どもセンター」[24]など，運営に弁護士が関与していることが多いのが特徴です。

　以上のように，「18歳以上の隙間」をカバーする制度・施設はありますが，「十分整っているとは言い難い。社会的養護の受皿のより一層の拡充が求められる」[25]と指摘されています。

　なお，児童福祉法の改正により，2024年4月1日から，20歳を過ぎた者であっても，児童自立生活援助制度を弾力的に利用できるようになります。これによって，年齢によって機械的に「社会の中へ放り出されてしまう」事態が解消されることが期待されています。

---

*24　「社会福祉法人カリヨン子どもセンター」https://carillon-cc.or.jp/
*25　日本弁護士連合会子どもの権利委員会編（2021）『子どもの虐待防止・法的実務マニュアル〔第7版〕』明石書店，238頁

▶ まとめと弁護士へリファーする際のポイント ◀

◎子どもの虐待が疑われる相談が入ったとき，非常に難しい判断が求められますので，なるべく一人で判断せず，複数で検討してください。

◎事の真相に迷ったら，子どもの生命や健康を優先して，児童相談所などに通告することを選んでください（仮に虐待はなかったとしても，相談員側が法的責任を負うことは考えにくいです）。

◎弁護士へリファーする場合，すべての弁護士が児童虐待問題に詳しいわけではないので，弁護士会に問い合わせるなど，専門的な弁護士を探してください。

◎親が置かれている経済的状況，親の精神状態，社会的資源の有無など，虐待の背景事情にも目を向けることで，より適切な支援方針が見えてきます。

対人援助職の方々からのコメント

●高山奈々子さん●

上級心理カウンセラー，メンタルヘルスマネジメント検定Ⅱ種
NPO法人あなたのいばしょ事務次長

【弁護士さんへの要望】

　SNS相談では傾聴が基本となりますが，法律問題を含む相談を受けるとき，傾聴だけではどうしても限界もあります。そのようなときは，「弁護士さんに相談してください」と，法テラスなどをリファーすることもあります。そこで，弁護士さんへの要望です。

　SNS相談に来られる人は，生活に余裕がない方が多いです。その場合に，相談先の一つとして法テラスをご紹介することもありますが，親身になってお話を聞いてもらえなかったというケースを耳にします。弁護士さんにとっては離婚問題など，日常茶飯事の当たり前のことかもしれませんが，相談者さん一人一人にとっては人生を大きく変える一大事です。是非，一人一人，フラットな気持ちで丁寧にお話を聞いていただけたらどんなに救われるか，と思う次第です。よろしくお願いいたします。

⇒著者からのコメント

　ご指摘の点は，長年，弁護士側の課題となっています。弁護士会の研修会では，傾聴や共感について教わる機会がありますが，短時間・単発なので，なかなか身につかないのが現状です。これからも，問題意識を深めていく必要がありますね。

【対人援助職としての関わりについて，弁護士さんのお考えを聞かせてください】

　相談者さんの多くが問題解決を求めて相談にいらっしゃいますが，残念ながらほとんどの場合，相談者さんが抱えている問題は一つではなく，いろいろなことが複雑に絡み合っています。そのすべてを私たち対人援助職が解決することは不可能です。

　では，私たち対人援助職には何ができるのか。本来人間には，自分自身で問題解決をする力が備わっています。問題が起こり，それを解決できずにいるときは，そういう力がうまく発揮できていないときではないでしょうか。そのようなときに，私たち対人援助職が丁寧に話を聞き，寄り添うことで，相談者さんは安心感を得る。そういう対話のなかで，人間が本来持っている問題解決する力を呼び起こす，これが私たち対人援助職の一つの大切な関わり方ではないかと思います。私たち対人援助職と弁護士さんがうまく協働できればよいのですが，そのために何か懸念点があれば教えて下さい。

⇒著者からのコメント

　他章の事例でも触れましたが，総合的な支援体制の必要性を実感しています。弁護士ができることはほんの一部であって，私も対人援助職の皆さんと協働したい気持ちは強いのですが，その際にネックになるのが，「お金の問題」です。

　たとえば，職場でメンタルを崩し，うつ病になって働けなくなり，頼れる親族もいなく困窮した場合，精神科に通院する治療費は，公的支援（生活保護，自立支援医療）によって賄われます。しかし，精神科の治療は万能ではなく，カウンセリングや見守りなど，人との継続的なつながりのほうが効果的な場合もあるでしょう。そのような場合，総合的な支援体制を組もうとしても，その費用について公的支援がありません（うつ病に対する認知行動療法など，一部は保険適用となっていますが不十分です）。

　だからといって，対人援助職の皆さんに，常にボランティアで関わって

いただくわけにもいきません。対人援助職の皆さんは真面目で熱心な方が多く，時間とお金をかけて資格を取ったり，勉強を続けたりしていますが，その成果をいつまでも無償で活用させていただくというのは，社会の側として問題視しなければならないでしょう。

おわりに

　弁護士として相談を受けるとき，「○○さんの言い分は，法律的に間違っていません」と告げた後に，「ただし，裁判を起こすことは，簡単にはオススメしません」と付け加えることがあります。なぜなら，本書の事例でお分かりいただけたとおり，裁判で闘い抜くためには，勝ち負けとは次元が違う要素（時間，労力，気力）が必要だからです。たとえば，ハラスメントを受けた場合，加害者に対して「あなたの行為は裁判例によると慰謝料100万円に相当するので払ってください」と請求書を出せば，自動的に払ってくれるわけではないのです。実際に慰謝料を獲得するためには，裁判をやり抜くという途方もない道のりが待っています。そのため，「裁判を起こしてでも筋を通す」か「相手にしないで自分の道を進む」か，その選択を相談者の方に委ねなければならないとき，弁護士として，とてもつらい気持になる瞬間です。

　また，「問題の解決には法律だけではなく，心理職や福祉職など，さまざまな分野と連携しなければならない」と強く感じた出来事があります。弁護士になって間もない頃，精神疾患を抱える方から相談を受けました。しかし，証拠も乏しく，たとえ証拠があったとしても，法律的に相手に責任を負わせるのは難しい内容だったため，その旨を伝えました。すると，「法律は私を助けてくれないのですね……」と一言だけ述べて，それ以降は連絡が途絶え，後日，亡くなったと聞きました。弁護士として間違った回答をしたとは思っていませんが，法律以外の方法でできることはなかっただろうかと，何度も考えました。当時は，心理職や福祉職への知識が乏しかったため，総合的な支援に思い至らなかったのです。

　読者の対人援助職の皆さんも，独りでは太刀打ちできない問題に直面することがあると思います。そんなときは，弁護士などの法律職も，良い意

味で巻き込んでください。弁護士を巻き込む（リファーする）とどんなことが起きるのか，本書で少しでも体感していただけたら幸いです。

　本書の事例についてコメントを寄せていただきました対人援助職の皆さん（神田裕子さん，髙橋三江子さん，日下浩二さん，金成伊佐子さん，高山奈々子さん）へ感謝申し上げます。最後になりましたが，本書の企画段階から編集段階にわたり助言をいただきました，株式会社誠信書房の中澤美穂さんへ感謝申し上げます。

■著者紹介

鳥飼 康二（トリカイ　コウジ）

1975年生まれ。京都大学農学部卒業，同大学院農学研究科修了。日本たばこ産業株式会社勤務を経て，一橋大学法科大学院修了後，2011年より弁護士登録（東京弁護士会，中野すずらん法律事務所）。2016年産業カウンセラー資格取得（一般社団法人日本産業カウンセラー協会）。

著書：『事例で学ぶ発達障害の法律トラブルQ & A』ぶどう社2019年，『Q&Aで学ぶカウンセラー・研修講師のための法律——著作権，契約トラブル，クレームへの対処法』誠信書房2021年

裁判事例で学ぶ対人援助職が知っておきたい法律
——弁護士にリファーした後に起きること

2022年11月5日　第1刷発行

著　　者　　鳥　飼　康　二
発 行 者　　柴　田　敏　樹
印 刷 者　　藤　森　英　夫

発行所　株式会社　誠　信　書　房
〒112-0012　東京都文京区大塚3-20-6
電話03（3946）5666
https://www.seishinshobo.co.jp/

©Koji Torikai, 2022　　Printed in Japan
落丁・乱丁本はお取り替えいたします
印刷／製本：亜細亜印刷㈱
ISBN 978-4-414-20002-7 C2032

JCOPY ＜出版者著作権管理機構 委託出版物＞
本書の無断複製は著作権法上での例外を除き禁じられています。複製される場合は，その
つど事前に，出版者著作権管理機構（電話03-5244-5088，FAX 03-5244-5089，e-mail:
info@jcopy.or.jp）の許諾を得てください。

Q & A で学ぶ
カウンセラー・研修
講師のための法律
著作権、契約トラブル、クレームへの対処法

鳥飼康二 著

カウンセラーや研修講師が遭遇しやすい法律問題を、弁護士であり産業カウンセラーの著者が分かりやすく解説。PowerPoint のスライドに関わる著作権や、契約締結時に注意すべきこと、クレームへの法的責任など、よくある疑問40個に答える。各種研修での著作物の取り扱い方など、教育機関や企業の人事総務担当の方も必読の内容となっている。

A5判並製　定価(本体1800円+税)

カウンセラー、コーチ、
キャリアコンサルタントのための
自己探究カウンセ
リング入門
EAMA（体験‐アウェアネス‐意味生成アプローチ）の理論と実際

諸富祥彦 著

「自己探究カウンセリング」の新たな手法であるEAMA（体験‐アウェアネス‐意味生成アプローチ）の理論と方法が初めて明かされる。

四六判上製　定価(本体2300円+税)